FORMATION RAPIDE

Excel 4 PC

Pierre-Louis Pinon

Disquette disponible ! Voir en fin d'ouvrage

DUNOD

Ce guide de formation a été rédigé

d'après la méthodologie et l'expérience de la société

AVENIR CONSULT.

Ce livre n'est pas le manuel de Excel 4 PC. Son contenu n'engage pas la société Microsoft ni ses distributeurs.

Toutes les autres marques citées dans cet ouvrage sont des marques déposées de leurs propriétaires respectifs.

Nous vous rappelons, par ailleurs, les termes de l'article 47 de la loi du 3 juillet 1985 :

«Toute reproduction autre que l'établissement d'une copie de sauvegarde par l'utilisateur, ainsi que toute utilisation d'un logiciel non expressément autorisée par l'auteur ou ses ayants droit, est passible des sanctions prévues par la loi».

ISBN 2 10 001766 7

SOMMAIRE

Avant-propos 7

La découverte du logiciel 9

Notions élémentaires 29

Notions avancées 47

Gestion des cellules 79

Liaison entre feuilles de calcul 91

La base de données 109

Table à double entrée 131

Les graphiques 141

Annexe 1 : Les différents menus de commande 169

Annexe 2 : Les différentes barres d'outils 173

Annexe 3 : Les fichiers 181

Index des mots-clés 183

Table des matières 189

AVANT - PROPOS

Quelques secondes pour lire cet avant propos. Il vous éclairera sur la démarche de ce livre...

Issu de l'expérience de formateurs sur **Excel** conscients des problèmes que vous pourrez rencontrer, ce livre vous apportera une bonne connaissance **des principes de base** du logiciel.

De plus, de nombreux "trucs", tels que les "**Remarque**", "**ATTENTION !**", et "**TRES UTILE !**", vous dépanneront souvent dans une démarche délicate.

Les chapitres sont indépendants. Vous pouvez ainsi directement consulter un point méconnu. Cependant, n'oubliez pas que certaines notions avancées supposent des connaissances de base.

Une table des matières détaillée et un index par "mots-clés" à la fin du document vous permettront de trouver rapidement la commande ou l'élément recherché.

Afin de faciliter votre apprentissage, sachez que :

☞ **Tous les menus que vous utiliserez sont en gras, dans la police de caractère Helvetica.**

☞ **Toutes les touches à presser au clavier sont en gras et entourées de [crochets].**

☞ **Lorsque vous devrez rentrer une chaîne de caractères dans une cellule ou une boîte de dialogue, les caractères à saisir seront entre guillemets, en gras et en police courrier ("`texte à saisir`").**

AVANT - PROPOS

Si vous disposez de la disquette des cas associés, vous y trouverez tous les exercices du livre, sauvegardés sous le même nom.

Ces exercices sont présentés de manière progressive.

Surtout, gardez toujours en mémoire que **vous êtes** le curseur...!

CHAPITRE 1

LA DECOUVERTE DU LOGICIEL

Configuration requise

Pour installer et utiliser la version 4 d'**Excel**, vous devez posséder :

⇨ Un ordinateur de type 286 ou 386, doté d'au moins 2 méga-octets de mémoire vive (**RAM**), quatre mégas étant conseillés.

⇨ La version 3.1 du **DOS** et la version 3.0 de **Windows**, ou bien des versions ultérieures.

⇨ Un disque dur disposant d'un minimum d'espace disque de 5 méga-octets, l'installation intégrale nécessitant environ 11 mégas.

⇨ Une souris compatible **Microsoft**.

L'installation d'Excel

- Allumez votre ordinateur et lancez l'application **Windows**.
- Introduisez la disquette nommée **Disque Installation** dans le lecteur **A**.
- Dans la fenêtre du **Gestionnaire de programmes**, cliquez sur le menu **Fichier** puis sur la commande **Exécuter**.
  Une boîte de dialogue apparaît alors à l'écran.
- Tapez "**A:install**" puis validez à l'aide de la touche [Entrée].

Laissez-vous ensuite guider par les différentes boîtes de dialogues du programme d'installation.

❑ **Remarque :**

Lorsqu'**Excel** vous proposera des options d'installation, vous pourrez activer ou désactiver certaines d'entre elles si vous ne disposez pas de beaucoup de place sur votre disque. Seule en effet la case **Microsoft Excel** est nécessaire à l'installation d'Excel.

Si vous souhaitez ultérieurement installer d'autres options, relancez alors la procédure d'installation que vous venez de faire.

Utilisation de la souris

Le développement de nombreux logiciels graphiques, tournant sous l'interface **Windows**, a eu pour conséquence **la reconnaissance de la souris comme un véritable outil de travail**.

Elle permet en effet de faciliter et d'accélérer considérablement les tâches courantes de déplacement, de choix de commandes, de sélection...

Nous nous baserons essentiellement, dans ce livre, sur l'utilisation de la souris, d'autant qu'elle est devenue, avec **Excel 3**, un outil indispensable pour exploiter certaines de ses nouvelles possibilités graphiques.

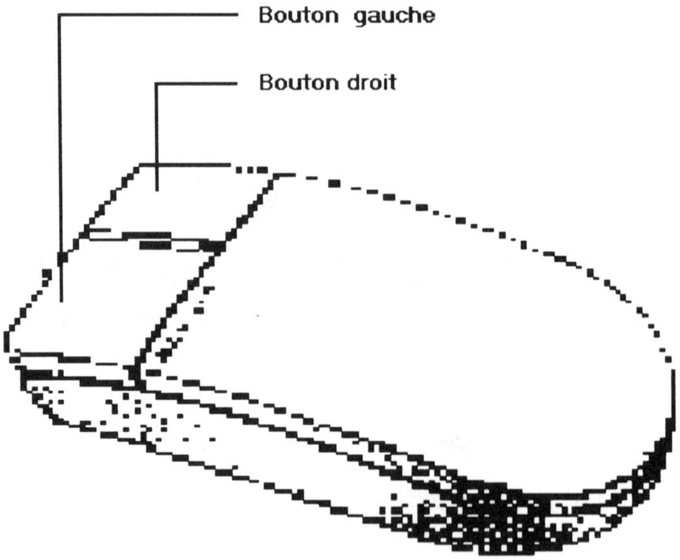

Chaque mouvement que vous donnez à la souris sur votre bureau (en général sur un petit tapis conçu pour elle) est transmis à l'ordinateur par la roulette située sous la souris, et répercuté à l'écran par un mouvement correspondant de ce qu'on appelle **le pointeur**, représentation de la souris à l'écran.

LA DECOUVERTE DU LOGICIEL : Utilisation de la souris

L'utilisation de la souris vous sera aisée, une fois maîtrisées trois techniques de base :

☞ **POINTER** : C'est l'action d'**amener le pointeur sur une région précise de l'écran** (une cellule, un menu, un bouton...).

Ce pointeur aura le plus souvent la forme d'une croix ou d'une flèche :

Mais vous découvrirez qu'il pourra prendre de **multiples formes**, en fonction de sa position sur votre écran de travail.

☞ **CLIQUER** : C'est l'action d'**enfoncer puis de relâcher immédiatement** le bouton gauche de la souris (le bouton droit n'est utilisé qu'exceptionnellement sur **Excel 4**).

Parfois, vous devrez également **DOUBLE CLIQUER**, c'est-à-dire **cliquer deux fois très rapidement** sur ce même bouton gauche.

☞ **SELECTIONNER** : A la différence d'un simple clic, c'est l'action d'**enfoncer sans le relâcher** le bouton gauche, **de déplacer le pointeur** sur un autre endroit de l'écran, puis de **relâcher** le bouton .

On appelle cela "**faire glisser** la souris" ou "**étendre** une sélection".

Toute la portion d'écran que vous aurez parcourue apparaîtra alors en vidéo-inverse.

Ouverture d'Excel

Si vous n'êtes pas déjà dans le **Gestionnaire de programmes** de **Windows** :

- Au message d'invite du DOS **c:\>**, tapez **"WIN"** puis appuyez sur la touche [↵].

A partir de l'écran **Windows** :

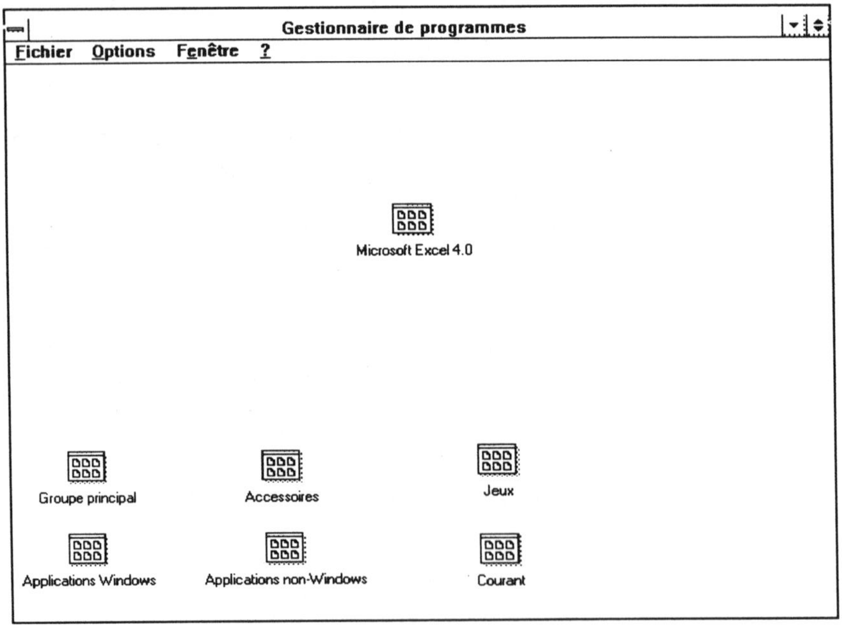

- **Double cliquez** très rapidement sur l'icône de groupe **Microsoft Excel 4.0**.

  La fenêtre contenant l'icône d'application **Microsoft Excel 4.0** (et ses différentes options si vous les avez installées) s'ouvre alors.

- **Double Cliquez** sur l'icône 

Microsoft Excel 4.0

Au bout de quelques secondes, votre écran de travail apparaît.

L'écran de travail d'Excel

LA FENETRE DE L'APPLICATION EXCEL

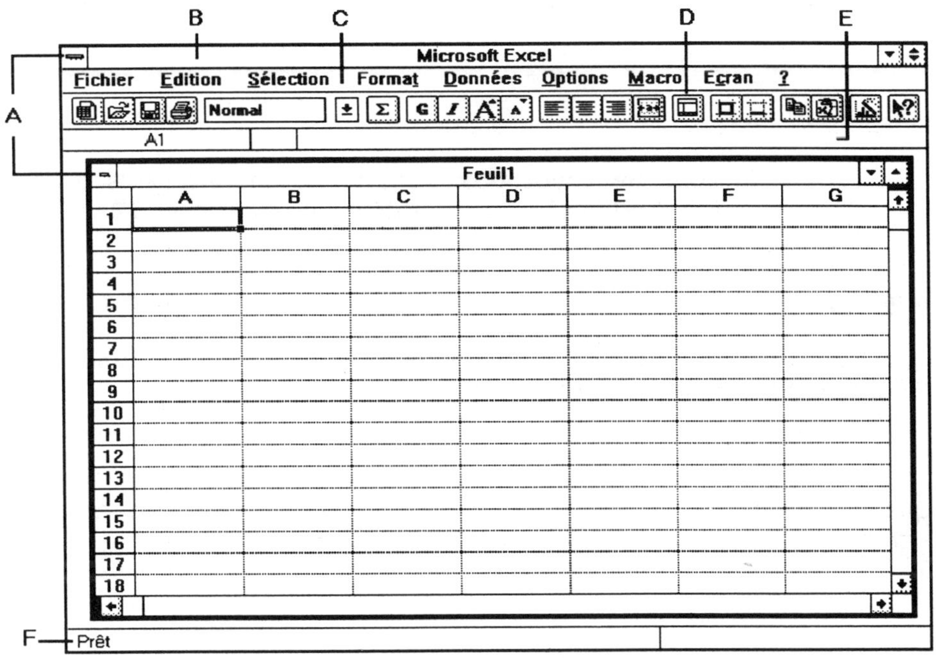

A - Les cases systèmes : Elles permettent surtout de jouer sur les fenêtres (réduction, déplacement). Double cliquer sur la case système de l'application permet de sortir immédiatement d'**Excel**.

B - La barre de titre : Elle fait apparaître le nom de l'application.

C - La barre des menus : C'est ici que se trouvent les différents menus de l'application.

D - La barre d'outils standard : Elle vous permettra de mettre en forme très rapidement, avec la souris, votre feuille de calcul, et d'effectuer des opérations courantes comme la sauvegarde ou l'impression.

E - La barre de Formule : Elle vous permettra de visualiser et de modifier le contenu des cellules de votre feuille de calcul.

F - La barre d'état : Elle vous fournit des indications relatives au mode de travail dans lequel vous êtes (ici en mode **Prêt**) ainsi qu'à l'état d'activation de certaines touches du clavier.

❖ **ATTENTION !**

Si vous ne voyez pas certains de ces éléments à l'écran, vous devez modifier la configuration de l'affichage d'Excel.

Pour faire apparaître, le cas échéant, la barre de formule ou la barre d'état :

- Cliquez sur **Options** dans la barre des menus, puis sur **Environnement** dans la liste de commandes qui se déroule alors à l'écran.

  Excel ouvre une boîte de dialogue.

- Cliquez ensuite sur les différentes cases de la zone **Afficher** de manière à obtenir des croix conformément à l'écran suivant :

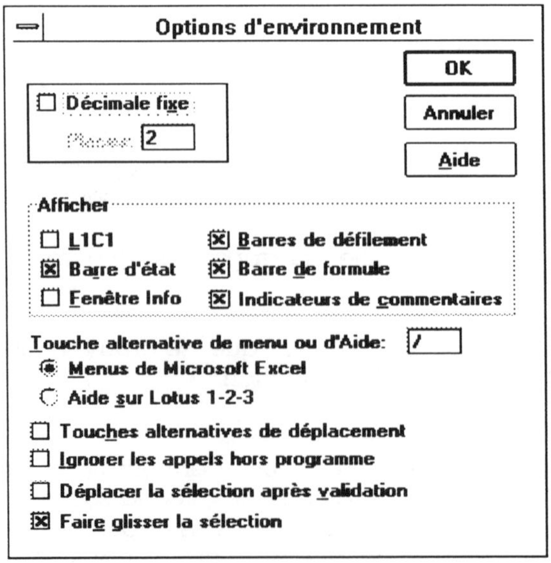

- Enregistrez ensuite ces modifications en pressant ↵ au clavier.

Afin d'obtenir l'affichage de la barre d'outils standard :

- Cliquez sur **Options** dans la barre des menus, puis sur **Barres d'outils** dans la liste de commandes.

  Excel ouvre une boîte de dialogue contenant la liste des différentes barres d'outils affichables :

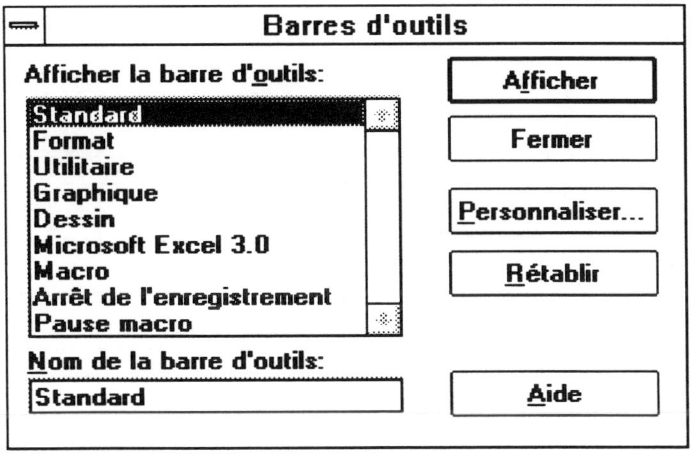

- Assurez-vous que **Standard** est bien sélectionné, puis cliquez sur le bouton **Afficher**.

❑ **Remarque :**

Si votre barre d'outils ne s'affiche pas sous la barre des menus, reporter-vous plus loin dans ce chapitre à la section **UTILISATION DES BARRES D'OUTILS.**

LA FEUILLE DE CALCUL

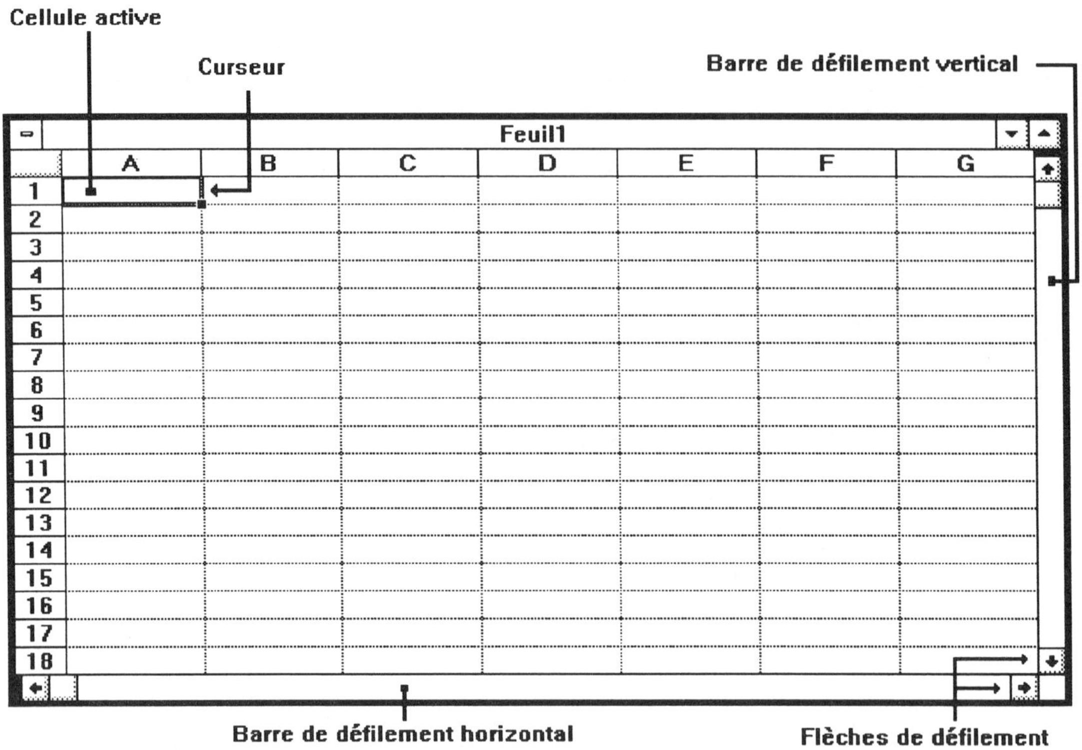

Elle se compose d'un peu plus de 4 millions de cellules, disposées sur 256 colonnes et 16384 lignes.

Vous ne voyez donc à l'écran qu'une petite portion de votre feuille.

Chaque cellule se caractérise par son adresse, correspondant à l'intersection d'une lettre de colonne et d'un numéro de lignes.

Remarquez que la cellule **A1** est encadrée. Ce cadre représente le **curseur** dans la feuille de calcul, indiquant **quelle cellule est active**.

LES BARRES DE DEFILEMENT

Enfin, **les barres et flèches de défilement** vous permettent de vous déplacer très rapidement à l'aide de la souris, pour visualiser d'autres portions de la feuille.

- Cliquez **sur les flèches** pour déplacer la portion visible de la feuille **d'une colonne ou d'une ligne** suivant la direction choisie.
- Cliquez **dans les barres elles-mêmes** pour obtenir un déplacement plus rapide dans votre document.

Choix d'une commande dans un menu

Pour activer une commande d'Excel, utilisez la barre des menus déroulants :

A la souris

- Amenez le pointeur de votre souris sur la commande **Fichier** et cliquez sur le bouton gauche.

Au clavier

- Pressez la touche [Alt] de votre clavier (en bas à gauche de la barre d'espace). Vous activez ainsi la barre des menus (la commande **Fichier** passe en vidéo inverse).
- Pressez ensuite la touche correspondant au caractère souligné du menu désiré, ici **[F]** pour **Fichier**.

Dans les deux cas, **Excel** ouvre une fenêtre, contenant les différentes commandes du menu **Fichier**.

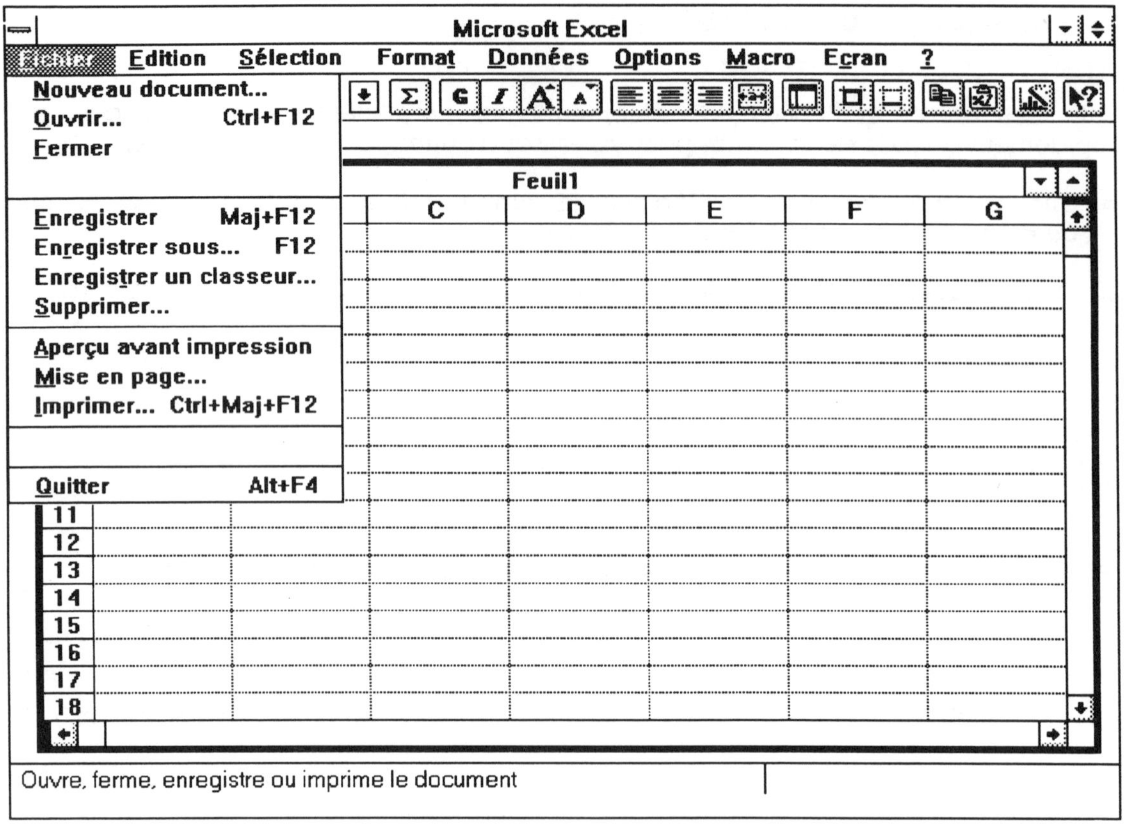

⇨ Certaines commandes apparaissent en grisé, ce qui vous indique qu'elles ne sont pas disponibles (cas de la commande **Liaisons**).

⇨ Les commandes suivies de points de suspension signalent qu'**une boîte de dialogue** apparaîtra avant l'exécution de la commande, pour vous demander des précisions (cas de la commande **Mise en page...**).

⇨ Enfin, les commandes les plus usuelles sont suivies d'une touche ou d'une combinaison de touches (cas de la commande **Quitter Alt+F4**). Ce sont des "**raccourcis clavier**", qui vous permettent d'exécuter ces commandes sans recourir à la barre des menus.

Pour sélectionner ensuite une commande dans la fenêtre :

- Cliquez à la souris sur la commande désirée, ici **Mise en page**.

  ou

- Tapez au clavier le caractère souligné correspondant, ici **[M]** pour **Mise en page**.

Excel ouvre alors la boîte de dialogue correspondant à la commande **Mise en page**.

Les différents éléments d'une boîte de dialogue

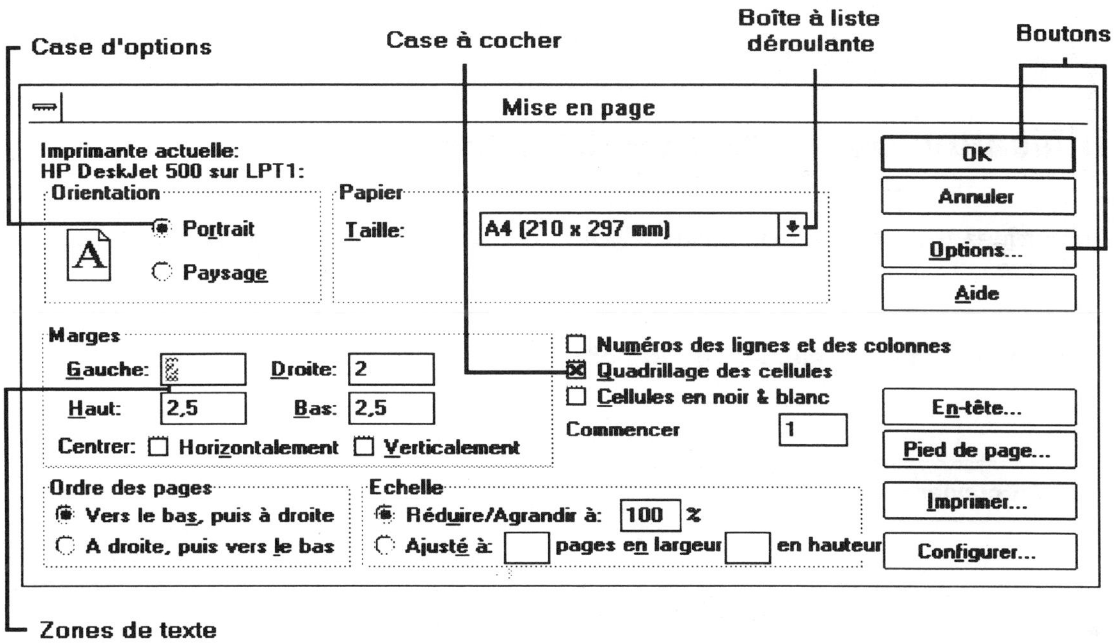

Les zones de texte : Destinées à la saisie d'une chaîne de caractères ou de valeurs numériques, que vous rentrez directement au clavier.

Les cases à cocher : Elles contiennent des ordres complémentaires pour l'exécution de la commande. Celles qui sont activées sont marquées d'une croix.

Les cases d'options : A la différence des cases à cocher, on ne peut choisir qu'une option dans une zone d'options. L'option active est marquée d'un rond noir.

Les boîtes à liste : A la différence des zones de texte, les boîtes à liste contiennent une liste de réponses prédéfinies, dont une est sélectionnée.

Les boutons : Ils vous permettent de valider ou d'annuler votre commande. Certaines boîtes présenteront d'autres boutons, vous permettant d'ouvrir en chaîne plusieurs boîtes de dialogues complémentaires.

Utilisation des boîtes de dialogue

Remarquez que la zone de texte **Gauche** est la zone active de votre boîte de dialogue.

Sélectionner un autre élément de la boîte :

Au clavier

- Pressez la touche [Alt] et, sans la relâcher, pressez la lettre soulignée correspondant à l'élément désiré, ici **[T]** pour **Taille**.
- L'élément **Taille** étant une boîte à liste, déroulez ensuite la liste par [Alt] [↓], puis choisissez une réponse à l'aide des flèches de direction [↓] ou [↑].

A la souris

Il vous suffit de cliquer directement sur l'élément désiré.

❑ **Remarque :**

Lorsque vous sélectionnez une case à cocher, son état d'activation s'inverse. Il suffit de la resélectionner pour obtenir l'état voulu.

VALIDER UNE COMMANDE

Une fois effectués vos différents choix, il ne restera plus qu'à exécuter la commande, en cliquant sur le bouton **OK** ou en pressant la touche de validation [↵] au clavier.

ANNULER UNE COMMANDE

■ Pour l'instant, annulez votre commande en cliquant sur **Annuler** ou en pressant la touche [Echap] au clavier.

Utilisation des barres d'outils

Avec la version 4, **Excel** dispose désormais de plusieurs barres d'outils, déplacables et dimensionnables, vous permettant d'exécuter directement à la souris les commandes les plus usuelles.

DEPLACER UNE BARRE D'OUTILS

■ Placez le pointeur de la souris entre deux boutons de la barre d'outils standard :

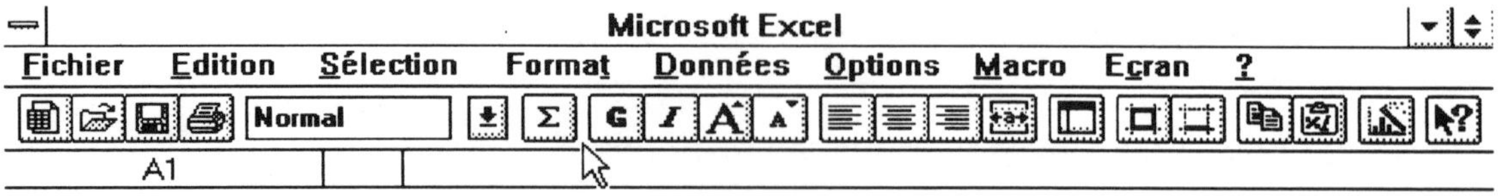

■ Appuyez sur le bouton gauche de la souris et, sans le relâcher, faîtes glisser le pointeur au milieu de la feuille de calcul.

Votre barre d'outils apparait maintenant dans une petite fenêtre, dotée de sa propre barre de titre et d'une case de fermeture :

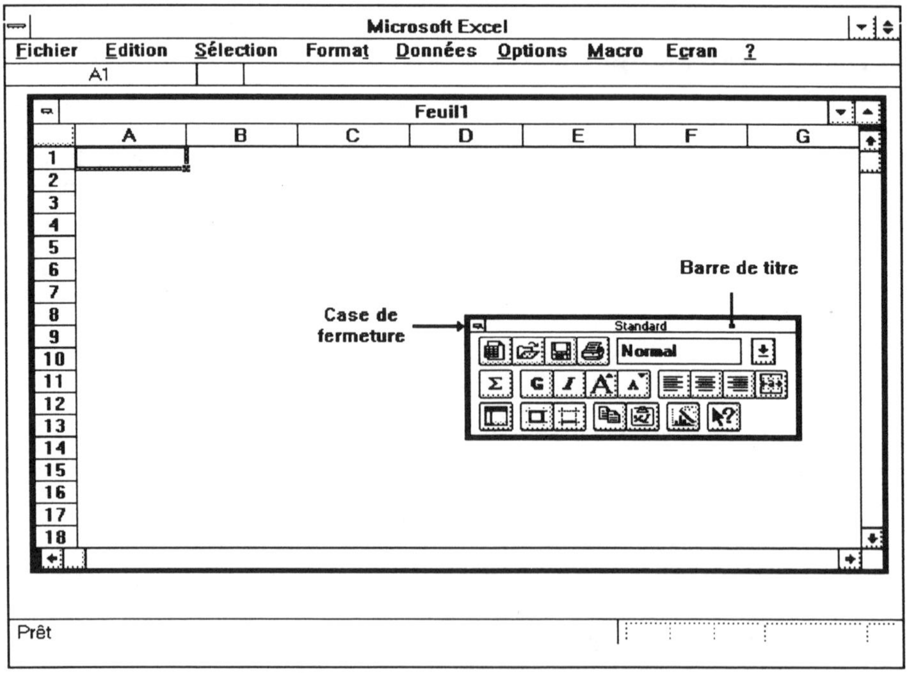

Si vous souhaitez la déplacer sur une autre position :

■ Placez le pointeur sur sa barre de titre, cliquez et, sans relâcher le bouton de la souris, faîtes-le glisser vers la nouvelle position.

☞ **TRES UTILE !**

En **double cliquant** sur la barre de titre, vous replacerez directement la barre d'outils sous la barre des menus.

DIMENSIONNER UNE BARRE D'OUTILS

- Amenez le pointeur sur l'une des bordures de la fenêtre et, lorsqu'il prend la forme d'une double flèche, faîtes-le glisser dans la direction désirée.

AFFICHER PLUSIEURS BARRES D'OUTILS

1ère méthode

Cette méthode est surtout utile lorsqu'aucune barre d'outils ne se trouve à l'écran :

- Cliquez sur **Options** dans la barre des menus, puis sur **Barres d'outils** dans la liste de commandes.

  Excel ouvre une boîte de dialogue contenant la liste des différentes barres d'outils affichables :

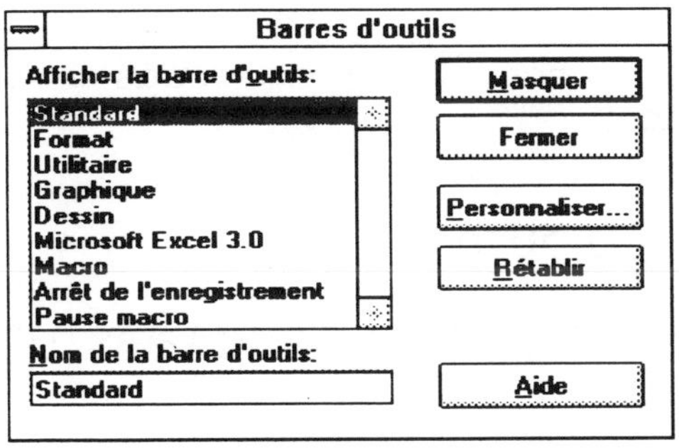

- Sélectionnez une barre d'outils, par exemple **Utilitaire**, puis cliquez sur le bouton **Afficher**.

2ème méthode

- Amenez le pointeur sur une portion quelconque d'une barre d'outils, et cliquez avec le bouton **DROIT** de la souris.

Un menu propre aux barres d'outils apparaît alors, listant les différentes barres affichables :

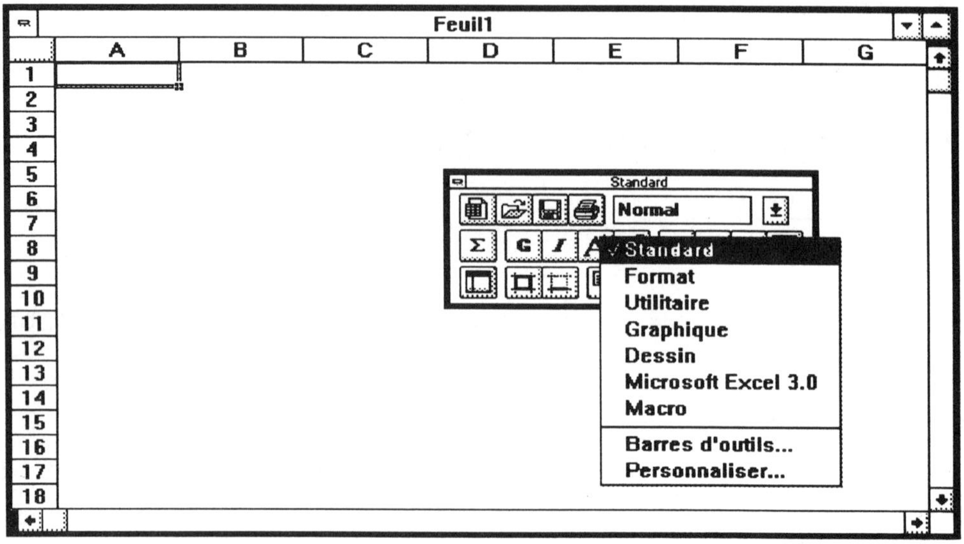

■ Cliquez simplement sur le nom de la barre d'outils choisie pour la voire s'afficher sur votre feuille de calcul.

MASQUER UNE BARRE D'OUTILS

Pour la suite des exercices, vous allez masquer toutes les barres affichées, à l'exception de la barre d'outils strandard :

◆ Amenez le pointeur sur **la case de fermeture** de la barre d'outils à masquer, puis cliquez.

ou

◆ Choisissez **Options** **Barres d'outils**, sélectionnez son nom dans la boîte de dialogue puis cliquez sur **Masqer**.

Nous nous sommes limités, pour l'instant, à la manipulation des différentes barres d'outils. La signification de certains de ces outils sera abordée dans les chapitres suivants. Vous trouverez d'autre part, dans l'annexe 2, un récapitulatif de toutes les fonctionnalités qu' offrent les cinq premières barres d'outils.

Utilisation de l'aide

Excel dispose d'écrans d'aide très sophistiqués vous permettant d'obtenir à tout moment des informations sur votre situation actuelle dans le tableur. C'est ce qu'on appelle une **Aide contextuelle**.

◆ Pressez simultanément les touches [⇧Shift] [F1].

ou

◆ Cliquez dans la barre d'outils standard sur le bouton [?]

Le pointeur prend alors la forme d'une flèche dotée d'un point d'interrogation.

■ Pointez une cellule quelconque de votre feuille de calcul et cliquez.

Excel ouvre alors un écran d'aide sur la notion de **feuille de calcul**, puisque c'est sur une cellule de la feuille que vous avez cliqué.

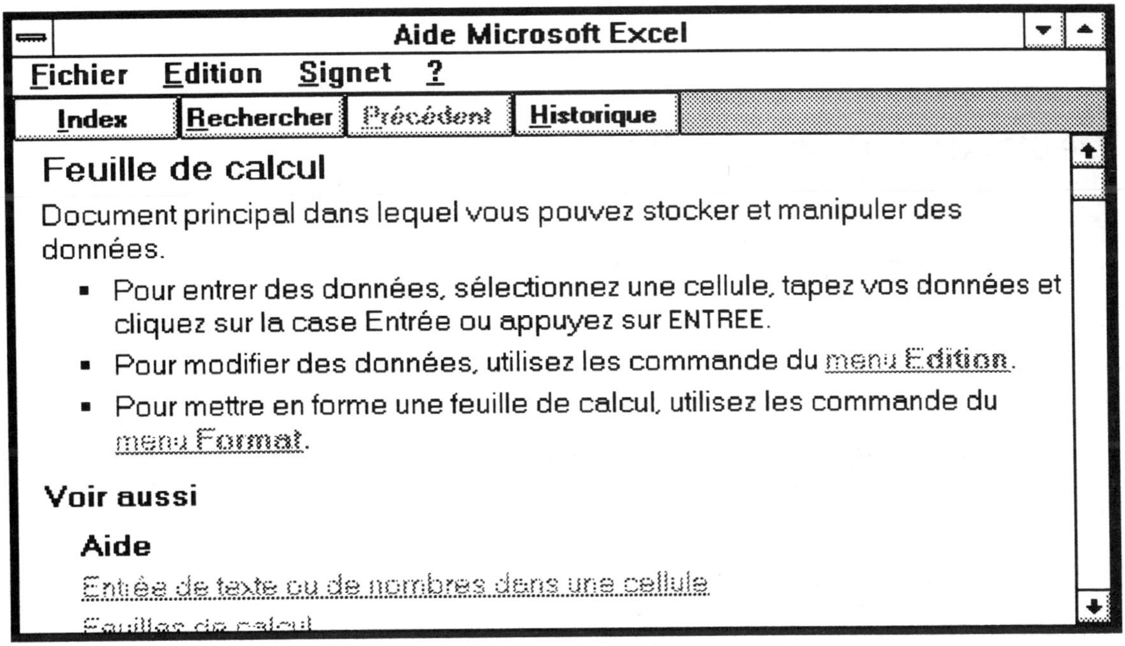

Vous pourrez ainsi cliquer sur n'importe quelle commande pour avoir des informations sur ce qu'elle fait, et sur les différents éléments de la boîte de dialogue qu'elle contient.

L'AIDE EN LIGNE :

Remarquez que certains groupes de mots sont soulignés dans votre écran d'aide. Il s'agit d'écrans complémentaires que vous pouvez ouvrir directement :

- Positionnez votre pointeur sur le premier groupe souligné **menu Edition**. Il prend alors la forme d'une petite main.

- Cliquez. Vous obtenez un écran d'aide sur le menu **Edition**.

Pour quitter l'aide et revenir à votre feuille de calcul :

- Sélectionnez le menu **Fichier** puis la commande **Quitter** à l'aide de la souris, ou frappez au clavier la séquence de touches [Alt], **[F]**, **[Q]**.

Déplacement de la cellule active

C'est en déplaçant le curseur de votre feuille (toujours située en **A1** sur une nouvelle feuille de calcul) que vous saisirez et modifierez le contenu des cellules.

A la souris

Il vous suffit de déplacer le pointeur en forme de croix sur la cellule que vous désirez activer (en vous aidant éventuellement des barres de défilement) puis de cliquer.

Au clavier

Au clavier, vous disposez, en plus des **4 flèches de direction** [→], [←], [↓], [↑], des touches et combinaisons de touches suivantes :

[↖] (ou **HOME**)	Sur la 1ère **cellule** de la ligne courante.
[⇟] (ou **PgDn**)	D'un écran vers le bas.
[⇞] (ou **PgUp**)	D'un écran vers le haut.
[Ctrl] [⇟]	D'un écran vers la droite.
[Ctrl] [⇞]	D'un écran vers la gauche.
[Ctrl] [→]	Sur la prochaine cellule de droite non vide, ou la dernière cellule de la ligne (colonne **IV**).
[Ctrl] [←]	Sur la prochaine cellule de gauche non vide ou la première cellule de la ligne.
[Ctrl] [↓]	Sur la prochaine cellule du bas non vide, ou la dernière cellule de la colonne (ligne **16384**).
[Ctrl] [↑]	Sur la prochaine cellule du haut non vide, ou la première cellule de la colonne (ligne **1**).
[Ctrl] [↖]	Sur la première cellule de la feuille : **A1**.
[Ctrl] [Fin]	Sur la **dernière cellule** de la feuille, intersection de la dernière ligne et dernière colonne non vides.

❖ **ATTENTION !**

Si ces combinaisons de touches ne fonctionnent pas correctement, choisissez la commande **Environnement** du menu **Options**, et désactivez la case à cocher **Touches alternatives de déplacement**.

CHAPITRE 2

NOTIONS ELEMENTAIRES

L'agence **SUD CHARTER** vend des billets d'avion pour l'Amérique du Sud. A la fin de l'été 1991, elle souhaite analyser son chiffre d'affaires en fonction des ventes de la saison et de l'évolution des prix de vente de chaque billet. Le modèle se compose de **trois tableaux** :

- le tableau des **ventes** de l'été 1991, en nombre de billets vendus.
- le tableau de l'évolution des **prix** pendant l'été.
- le tableau du **chiffre d'affaires** de la saison.

Vous allez d'abord construire le **tableau des ventes**, qui se présentera de la façon suivante :

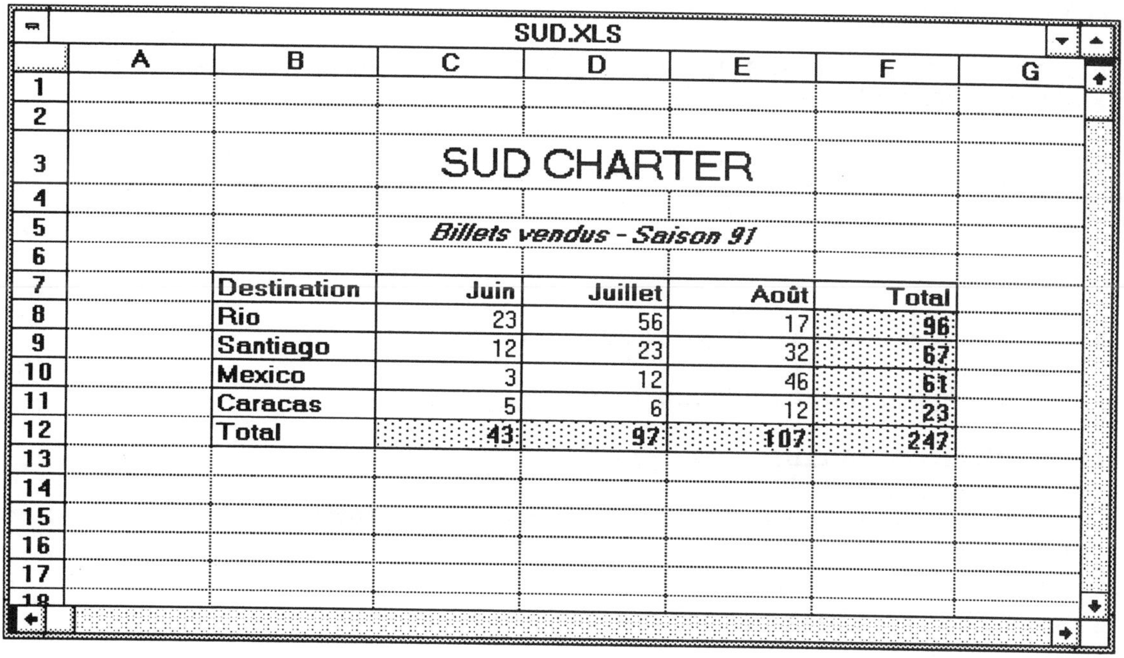

Destination	Juin	Juillet	Août	Total
Rio	23	56	17	96
Santiago	12	23	32	67
Mexico	3	12	46	61
Caracas	5	6	12	23
Total	43	97	107	247

Saisie des données

- Positionnez vous en cellule **D3**, et tapez "**SUD CHARTER**".

  Au moment où vous tapez votre texte, celui-ci apparaît dans la barre de formule :

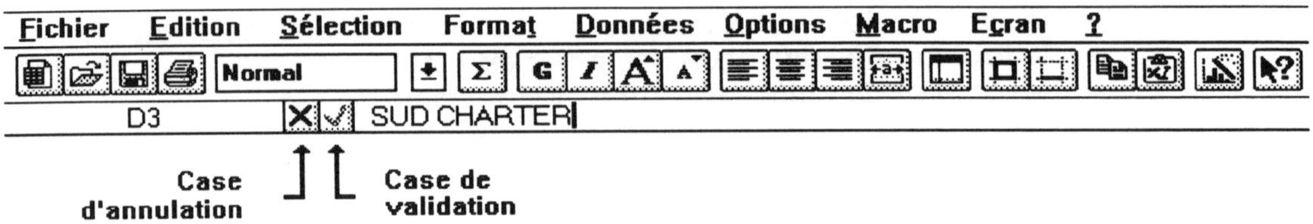

Si vous commettez une erreur de saisie, utilisez la touche [←] (Retour arrière) pour effacer le dernier caractère.

Vous pouvez également appuyer sur [Echap] ou cliquer sur la **case d'annulation** pour recommencer toute votre saisie.

- Validez en pressant la touche [↵] ou en cliquant sur la **case de validation** de la barre de formule.

- En **D5**, tapez "**Billets vendus - Saison 91**" puis [↵].
- En **B7**, tapez "**Destination**" puis [↵].
- En **C7**, tapez "**Juin**" puis [→].

  Vous validez ainsi en même temps que vous déplacez le curseur dans la direction désirée.

- En **D7**, tapez "**Juillet**" puis [→].
- En **E7**, tapez "**Août**" puis [→].
- En **F7**, tapez "**Total**" puis [↵].
- Saisissez le reste des données de manière à obtenir le tableau suivant :

Feuil1

	A	B	C	D	E	F	G
1							
2							
3				SUD CHARTER			
4							
5				Billets vendus - Saison 91			
6							
7		Destination	Juin	Juillet	Août	Total	
8		Rio	23	56	17		
9		Santiago	12	23	32		
10		Mexico	3	12	46		
11		Caracas	5	6	12		
12		Total					
13							
14							
15							
16							
17							
18							

Sélection des cellules

La sélection est une opération de base sur **Excel**.

Elle consiste à mettre plusieurs cellules en surbrillance (vidéo-inverse), de manière à leur appliquer ensuite une commande donnée.

Pour sélectionner des cellules, il suffit de :

- Cliquer sur la première des cellules de la plage à sélectionner, et sans relâcher le bouton de la souris, de pointer la dernière cellule de cette plage.

ATTENTION !

Si vous avez fait une erreur de sélection, cliquez sur une cellule quelconque de la feuille pour la faire disparaître et recommencez l'opération.

Le Bouton Somme Automatique

Pour calculer les différents totaux, vous allez d'abord **sélectionner** les cellules devant recevoir le total par destination, c'est-à-dire la plage **F8:F11** :

- Cliquez sur la cellule **F8**.
- Appuyez sur le bouton gauche de la souris, et tout en le maintenant enfoncé, pointez la cellule **F11** puis relâchez. Le "champ" **F8:F11** est alors sélectionné :

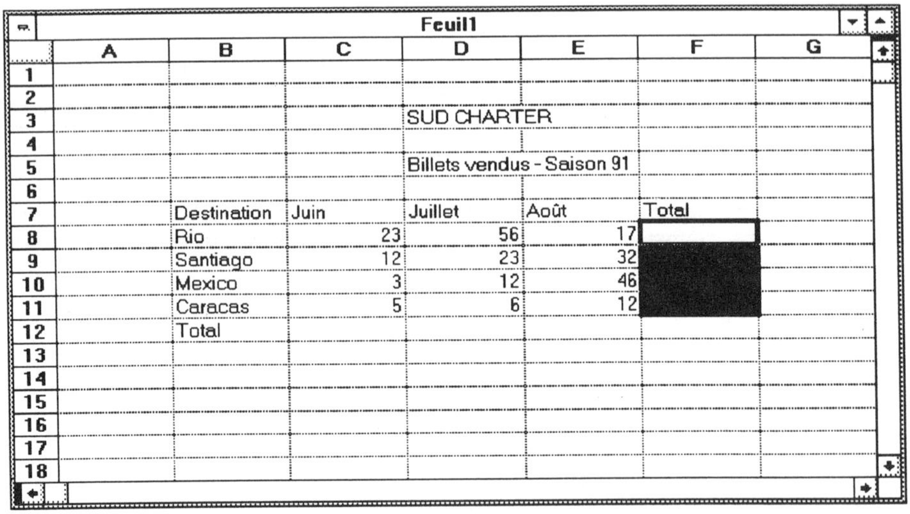

Feuil1

	A	B	C	D	E	F	G
1							
2							
3				SUD CHARTER			
4							
5				Billets vendus - Saison 91			
6							
7		Destination	Juin	Juillet	Août	Total	
8		Rio	23	56	17		
9		Santiago	12	23	32		
10		Mexico	3	12	46		
11		Caracas	5	6	12		
12		Total					
13							
14							
15							
16							
17							
18							

- Dans **la barre d'outils**, pointez le bouton **Somme automatique** : Σ
  et cliquez **deux fois** dessus très rapidement.

  Excel insère automatiquement, dans chaque cellule sélectionnée, une formule de calcul sommant les cellules de gauche.

  Vous verrez au chapitre suivant comment construire vous-même et manipuler de telles formules.

Pour faire la somme des ventes mensuelles et du trimestre :

- Sélectionnez la plage de cellules **C12:F12**.
- Double cliquez à nouveau sur le bouton **Somme automatique**.

La mise en forme rapide des cellules

Elle s'effectue à l'aide des boutons du centre de la barre d'outils, après sélection des cellules à mettre en forme :

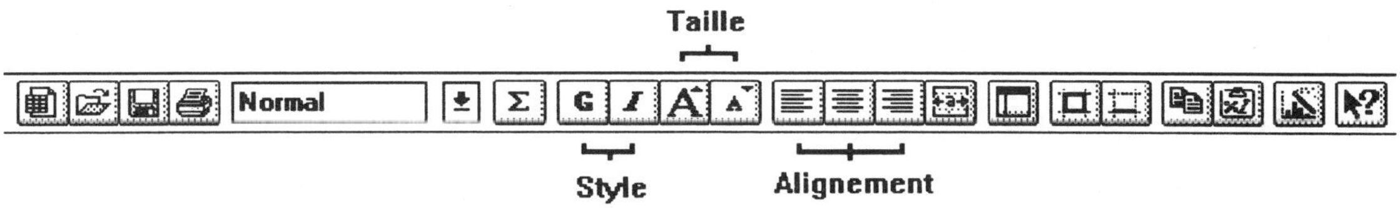

BOUTONS GRAS ET ITALIQUE 

- Sélectionnez la plage de cellules **B7:F12** et cliquez sur le premier des deux boutons pour obtenir du gras.

  Remarquez que le bouton présente maintenant **un fond grisé beaucoup plus clair**, afin d'apparaître comme "**enfoncé**"

Vous allez maintenant supprimer cette mise en forme pour les valeurs du centre de votre tableau.

- Sélectionnez la plage **C8:E11**.

- Cliquez de nouveau sur le bouton. Vos valeurs ne sont plus en gras.

Pour mettre le sous titre **en gras** et *italique* :

- Cliquez sur la cellule **D5**, puis sur les deux boutons de la barre d'outils.

CONTROLER L'ALIGNEMENT 

Par défaut, **Excel** a positionné toutes les chaînes de caractères que vous avez saisies sur **le côté gauche** des cellules, alors qu'il a automatiquement aligné **à droite** les valeurs numériques.

■ Sélectionnez la plage **C7:F7** et cliquez sur 

Les différents mois et le total s'alignent avec les valeurs numériques.

■ Sélectionnez la plage **D3:D5** et cliquez sur 

Le titre et le sous-titre du tableau se centrent dans chaque cellule.

Encadrer le tableau

■ Sélectionnez la plage **B7:F12**.

■ Choisissez la commande **Format Encadrement**.

Une boîte de dialogue apparaît :

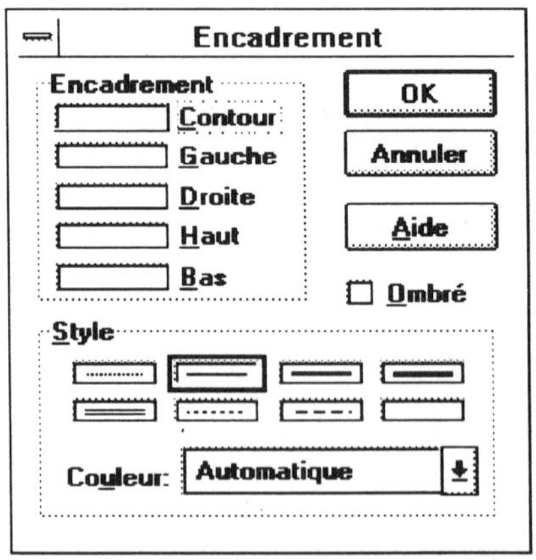

Dans la **zone d'options Style**, le tiret continu le plus fin est sélectionné.

■ Cliquez dans la zone **Encadrement**, sur les cases **Gauche**, **Droite**, **Haut** et **Bas**, afin que les quatres côtés de chaque cellule de la sélection soient encadrés.

Si vous choisissez uniquement la case **Contour**, seule la zone sélectionnée sera encadrée, et non toutes les cellules à l'intérieur de cette zone.

Pour annuler un de vos choix, cliquez simplement de nouveau sur l'encadrement à modifier. Le trait disparaît de la case.

- Validez la boîte de dialogue en cliquant sur le bouton **OK**, ou en appuyant sur [↵].

☞ **TRES UTILE !**

- Pour encadrer uniquement le contour d'une sélection, vous pouvez, sans passer par la commande **Format Encadrement**, cliquer directement dans la barre d'outils sur le bouton.

- De même, pour tracer un trait en bas de chaque cellule sélectionnée afin d'obtenir des séparateurs horizontaux, vous pouvez cliquer directement dans la barre d'outils sur le bouton.

Modifier la largeur des colonnes

Pour que le texte **Destination** de la cellule **B7** apparaisse parfaitement :

- Cliquez sur une cellule quelconque de la colonne **B**.
- Choisissez la commande **Format Largeur de colonne**.
- Tapez "**12**" pour déterminer une largeur de 12 caractères et validez par [↵].

Ajouter des motifs

Mettez en valeur les différents totaux de votre tableau :

- Sélectionnez la plage **F8:F12**.
- Pressez sans la relâcher la touche [Ctrl], sélectionnez la plage **C12:E12**, et relâcher [Ctrl].

  Cette manipulation vous permet ainsi de sélectionner **plusieurs plages de cellules**.

■ Choisissez la commande **Format Motifs**.

Lorsque la boîte de dialogue apparaît sur votre écran :

◆ Pressez [Alt] et sans la relâcher, la touche [↓]

ou

◆ Cliquez sur le bouton de défilement du champ **Motif**.

■ Cliquez sur le 6ème motif de la liste :

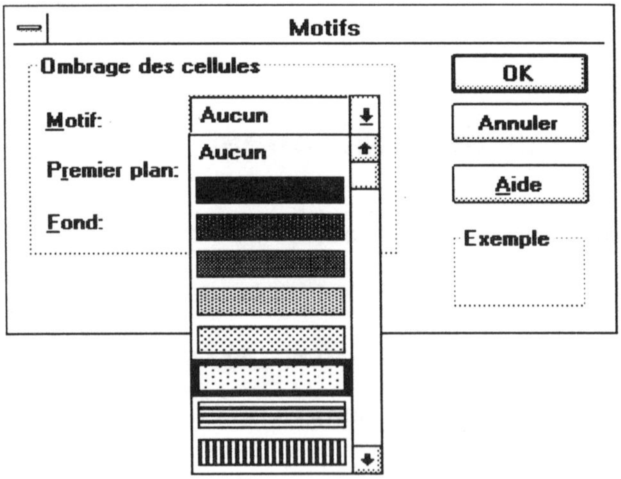

■ Validez votre boîte de dialogue.

Modifier la police de caractères

■ Cliquez sur la cellule **D3**, contenant le titre de votre tableau.

■ Choisissez la commande **Format Police**.

La zone de liste **Police** vous propose toutes les polices de caractère que vous pouvez afficher sur votre écran.

- Déplacez-vous le cas échéant dans la liste à l'aide de la petite barre de défilement de la zone, et sélectionnez la police **Helv**.

  La fenêtre d'**exemple** permet alors de visualiser la police choisie.

- Cliquez sur **18** dans la zone **Taille** :

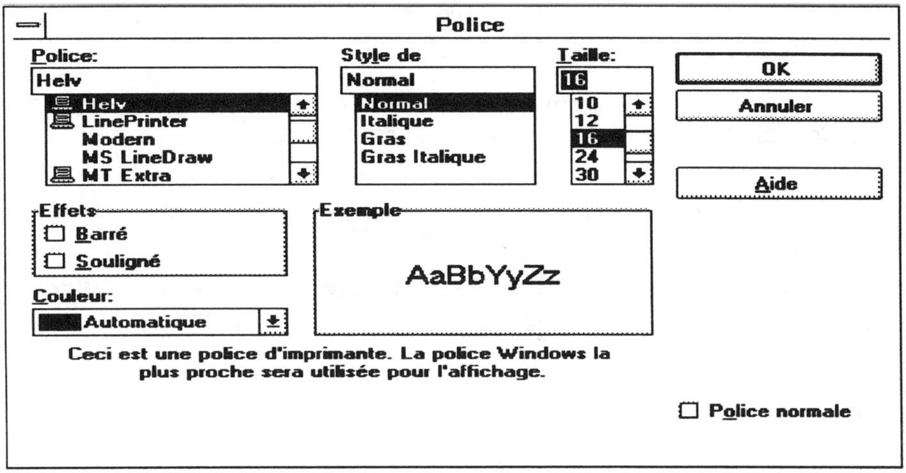

- Validez votre boîte de dialogue.

☞ **TRES UTILE !**

Lorsque vous souhaitez modifier, dans une cellule, uniquement **la taille** de sa police de caractère, vous pouvez cliquer directement dans la barre d'outils sur les boutons 

La recopie de cellules

Afin de construire le tableau des tarifs et celui du chiffre d'affaires, vous allez recopier l'ensemble de ce premier tableau.

■ Sélectionnez la plage de cellules **B5:F12**.

◆ Choisissez la commande **Edition Copier** (ou pressez simultanément [Ctrl] **[C]**).

ou

◆ Cliquez directement dans la barre d'outils sur le bouton 

Une bordure de pointillés clignotants entoure alors votre sélection.

■ Cliquez sur la cellule **B15**, puis choisissez la commande **Edition Coller** ou pressez [Ctrl] **[V]**.

L'ensemble du tableau, avec sa mise en forme, est recopié dans la plage **B15:F22**. La bordure de pointillés clignote toujours, pour vous permettre d'autres recopies.

■ A l'aide de la flèche [↓], déplacez-vous sur la cellule **B25**.

■ Choisissez de nouveau la commande **Coller** du menu **Edition**, ou pressez directement la touche [↵] puisque vous n'avez pas de copie suivante à faire.

Remplacer le contenu d'une cellule

Remplacez ensuite le sous-titre pour chacun des deux tableaux :

■ Cliquez sur la cellule **D15**, tapez "**Evolution des tarifs**" puis [↵].

Le contenu précédent de la cellule est **écrasé** par votre nouvelle entrée.

■ Procédez de même en **D25**, pour y écrire "**Chiffre d'affaires réalisé**".

Effacer des cellules

Puisqu'il est inutile de sommer, dans le tableau **Evolution des tarifs**, le prix des différents billets :

- Sélectionnez la plage **F17:F22**.
- Enfoncez la touche [Ctrl] et, avant de la relâcher, ajoutez à votre sélection la plage **B22:E22**.
- Choisissez **Edition Effacer** ou pressez la touche [Suppr] au clavier.

Par défaut, la boîte de dialogue vous propose de supprimer uniquement le contenu des cellules. C'est l'option **Formules** :

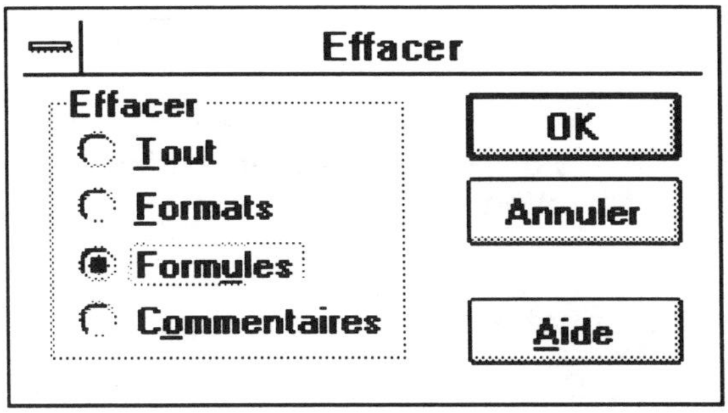

- Cliquez sur **Tout** pour supprimer également la mise en forme des cellules sélectionnées, et validez par [↵].

Le format financier

Les tarifs à saisir dans ce tableau devront s'afficher sous forme de **nombres entiers, en francs**, et avec **Séparateurs de milliers**.

- Sélectionnez la plage **C18:E21**, et appelez la commande **Format Nombre**.

- Afin de visualiser uniquement la liste des formats monétaires, cliquez, dans la zone **Catégorie**, sur **Monétaire**.

Le format **# ##0 F;-# ##0 F** apparaît alors en surbrillance dans la zone **Code de formats** :

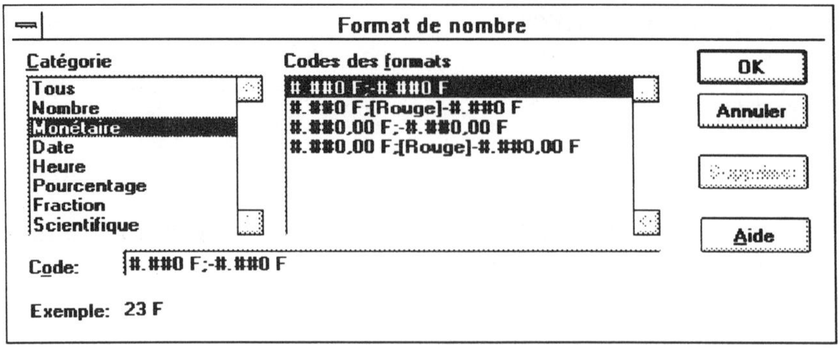

Si vous cliquez sur un autre format, la zone d'exemple, en bas de la boîte de dialogue, vous permet alors de visualiser l'affichage correspondant pour la première cellule de la sélection.

- Conservez ce premier format et validez votre choix par [↵].

- Saisissez maintenant les tarifs de ce tableau, le format s'adaptera automatiquement :

Evolution des tarifs

Destination	Juin	Juillet	Août
Rio	7 950 F	8 004 F	8 004 F
Santiago	5 340 F	5 600 F	5 600 F
Mexico	5 200 F	5 200 F	5 200 F
Caracas	6 060 F	6 800 F	6 900 F

Utiliser le collage spécial

Pour terminer la réalisation de votre modèle, il ne vous reste plus qu'à mettre à jour les valeurs numériques du tableau du **chiffre d'affaires**, exprimant actuellement les quantités de billet vendus.

Il suffit donc de demander à **Excel** de multiplier chacune de ces quantités par les tarifs correspondants que vous venez de saisir.

■ Sélectionnez la plage **C18:E21** contenant les différents tarifs.

◆ Choisissez la commande **Edition Copier** (ou pressez simultanément [Ctrl] **[C]**).

ou

◆ Cliquez directement dans la barre d'outils sur le bouton

■ Sélectionnez la plage **C28:E31** pour délimiter la zone de collage de vos tarifs.

■ Ouvrez la commande **Edition Collage spécial** :

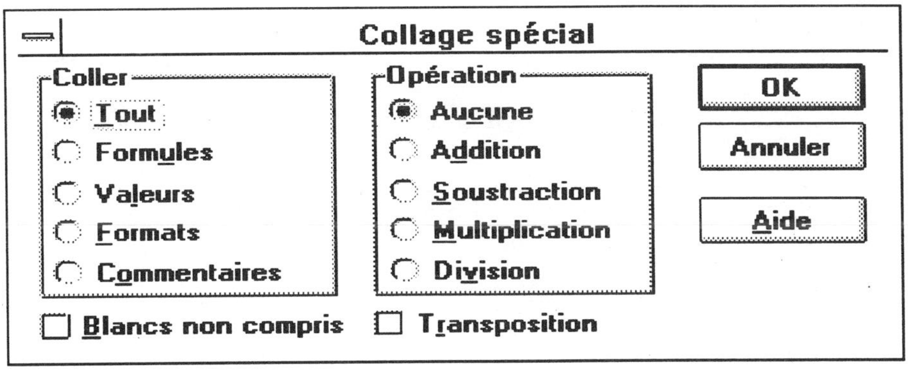

Si vous validez la boîte de dialogue telle quelle, vous recopierez simplement l'ensemble de vos tarifs dans le tableau, **écrasant** ainsi les valeurs qui s'y trouvent.

■ Dans la zone **Opération**, cliquez sur **Multiplication**.

■ Validez par [↵].

Vous obtenez :

Feuil1

	A	B	C	D	E	F	G
15			*Evolution des tarifs*				
16							
17		**Destination**	**Juin**	**Juillet**	**Août**		
18		**Rio**	7 950 F	8 004 F	8 004 F		
19		**Santiago**	5 340 F	5 600 F	5 600 F		
20		**Mexico**	5 200 F	5 200 F	5 200 F		
21		**Caracas**	6 060 F	6 800 F	6 900 F		
22							
23							
24							
25			*Chiffre d'affaires réalisé*				
26							
27		**Destination**	**Juin**	**Juillet**	**Août**	**Total**	
28		**Rio**	182 850 F	448 224 F	136 068 F	**767142**	
29		**Santiago**	64 080 F	128 800 F	179 200 F	**372080**	
30		**Mexico**	15 600 F	62 400 F	239 200 F	**317200**	
31		**Caracas**	30 300 F	40 800 F	82 800 F	**153900**	
32		**Total**	**292830**	**680224**	**637268**	**1610322**	

Vous allez terminer le tableau en formatant en **Francs** les cellules des totaux.

- Sélectionnez la plage **F28:F32**, puis maintenez enfoncée la touche Ctrl pour sélectionner **C32:E32**.
- Ouvrez la boîte de dialogue de **Format Nombre**, cliquez sur la catégorie **Monétaire** et validez la boîte.

❖ **ATTENTION !**

Remarquez que la cellule F32 affiche des # # # # # # # # # à la place de la somme totale. En effet, la colonne est désormais trop étroite pour afficher la valeur numérique ainsi formatée.

Pour ajuster automatiquement la largeur de la colonne F au contenu de cette cellule :

- Cliquez sur **F32**, ouvrez la boîte de dialogue de **Format Largeur de colonne**, et cliquez sur le bouton **Ajuster**.

Sauvegarde de la feuille

Afin de pouvoir utiliser votre feuille pour une prochaine session de travail, vous devez la sauvegarder sur le disque dur (ou sur une disquette vierge formatée que vous placerez dans le lecteur de disquette) :

- Choisissez la commande **Fichier Enregistrer sous** ou cliquez dans la barre d'outils sur le bouton 

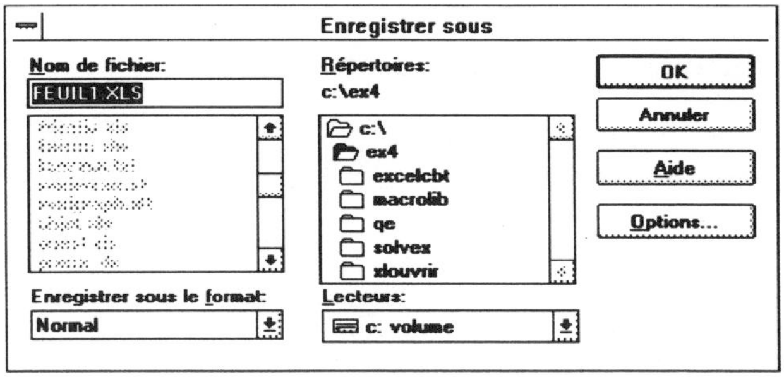

Dans la zone de texte en surbrillance, **Excel** propose automatiquement le nom **FEUIL1.XLS**, le **1** indiquant qu'il s'agit de la première feuille créée de votre session courante.

- Tapez **"sud"** ou le nom de votre choix (8 caractères maximum sans espace ni ponctuation).

  Au moment où vous validerez votre boîte de dialogue, **Excel** ajoutera automatiquement à ce nom l'extension **.XLS** propre aux feuilles de calcul d'**Excel**.

CHANGER LE REPERTOIRE DE SAUVEGARDE

Le répertoire de sauvegarde par défaut est celui qui contient l'application **Excel**, ici **EX4**.

La zone **Répertoires** affiche la liste des différents sous-répertoires de ce répertoire actuel.

Pour sauvegarder votre fichier dans l'un d'eux :

- **Double cliquez** simplement sur le répertoire choisi avant de valider la boîte de dialogue.

Si vous souhaitez afficher d'autres répertoires ou sous-répertoires, par exemple les principaux répertoires du disque dur :

- **Double cliquez** sur l'icône **C:** représentant le répertoire racine. Une fois visible le répertoire de votre choix, **double cliquez** dessus et validez votre boîte de dialogue.

Pour sauvegarder le fichier sur disquette :

- Cliquez sur la flèche basse de la boîte à liste **Lecteurs**, et sélectionnez l'icône du lecteur choisi avant de valider la boîte de dialogue.

Fermer une feuille de calcul

Une fois votre feuille sauvegardée, son nom apparaît dans la barre de titre du document, avec son extension.

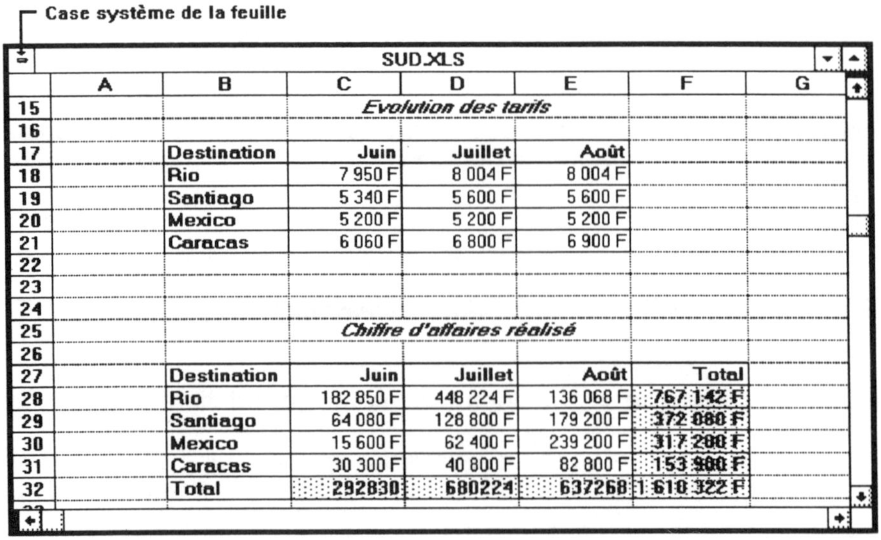

	A	B	C	D	E	F	G
15			*Evolution des tarifs*				
16							
17		**Destination**	**Juin**	**Juillet**	**Août**		
18		**Rio**	7 950 F	8 004 F	8 004 F		
19		**Santiago**	5 340 F	5 600 F	5 600 F		
20		**Mexico**	5 200 F	5 200 F	5 200 F		
21		**Caracas**	6 060 F	6 800 F	6 900 F		
22							
23							
24							
25			*Chiffre d'affaires réalisé*				
26							
27		**Destination**	**Juin**	**Juillet**	**Août**	**Total**	
28		**Rio**	182 850 F	448 224 F	136 068 F	**767 142 F**	
29		**Santiago**	64 080 F	128 800 F	179 200 F	**372 080 F**	
30		**Mexico**	15 600 F	62 400 F	239 200 F	**317 200 F**	
31		**Caracas**	30 300 F	40 800 F	82 800 F	**153 900 F**	
32		**Total**	**292830**	**680224**	**637268**	**1 618 322 F**	

■ Double cliquez très rapidement sur **la case système** de la feuille, ou utilisez au clavier la combinaison [Ctrl] [F4].

Ouvrir un document sauvegardé

■ Choisissez la commande **Fichier Ouvrir** ou cliquez dans la barre d'outils sur le bouton

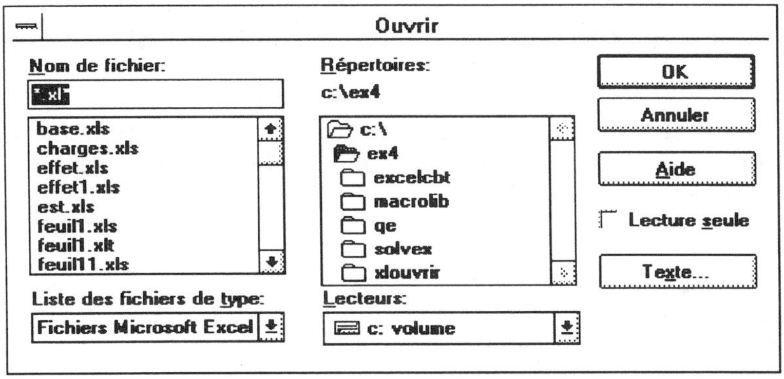

La zone **Nom de fichiers** affiche la liste des fichiers dont les deux premières lettres d'extension sont **XL**, et qui se trouvent dans votre répertoire actuel (ici **C:\ex4**).

■ Pour visualiser les fichiers d'un autre répertoire, procédez comme pour la sauvegarde, en **double cliquant** sur le répertoire à lister dans la zone **Répertoires**.

■ Cliquez ensuite, dans la zone **Nom de fichiers**, sur le document à ouvrir avant de valider la boîte.

Son nom s'affichera alors automatiquement dans la zone de texte **Nom de fichier**.

☞ **TRES UTILE !**

- Lorsque la zone listant les fichiers est la zone active de votre boîte, vous pouvez taper la première lettre du nom du fichier à sélectionner. En retapant la m^me lettre, vous afficherez successivement tous les fichiers commençant par cette lettre.

- Plutôt que de valider la boîte en cliquant sur **OK**, double cliquez simplement sur le fichier choisi.

OUVRIR L'UN DES QUATRE DERNIERS DOCUMENTS UTILISES

■ Choisissez le menu **Fichier**.

■ En bas de la liste des commandes, choisissez l'un des quatres derniers documents ouverts.

Excel conservant cette liste d'une session de travail à l'autre, cette commande est très pratique pour ouvrir rapidement le document que vous avez utilisé la veille.

Quitter Excel

■ Double cliquez sur la **case système** de l'application (dans la barre de titre contenant **Microsoft Excel**), ou choisissez **Fichier Quitter**.

Si vous n'avez pas sauvegardé les dernières modifications apportées à votre feuille, une boîte de dialogue vous pose la question :

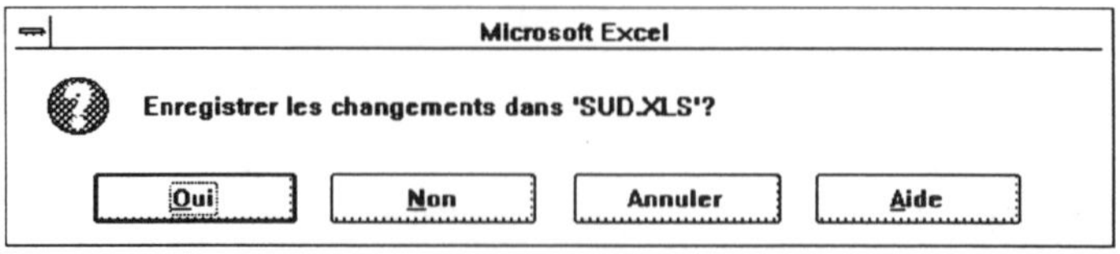

■ Cliquez sur **Oui** pour les sauvegarder, **Non** pour retrouver le fichier tel qu'il était à la dernière sauvegarde, ou **Annuler** pour ne pas quitter **Excel** et revenir sur votre feuille.

CHAPITRE 3

NOTIONS AVANCEES

Création d'un nouveau document

Si vous n'avez pas quitté **Excel**, vous allez d'abord fermer le document actif :

- Choisissez la commande **Fermer** du menu **Fichier** (si vous avez fait de nouvelles modifications dans la feuille, **Excel** vous proposera alors de les sauvegarder).

◆ Cliquez dans la barre d'outils standard sur le bouton 

ou

◆ Choisissez **Nouveau document** du menu **Fichier**, laissez le type **Feuille** sélectionné dans la liste de la boîte de dialogue et validez.

Une nouvelle feuille de calcul s'ouvre alors.

La société **BRICO** vend des articles de jardinage. A la fin de l'année, son directeur commercial désire analyser **la structure des bénéfices réalisés**, afin de fixer sa politique de prix pour l'année prochaine. Vous allez construire le tableau suivant :

Feuil2

	A	B	C	D	E	F	G
1							
2	SOCIETE BRICO						
3	**Analyse des bénéfices**						
4							
5							
6	**Types d'articles**	**Prix de vente**	**Prix de revient**	**Marge réalisée**	**Quantités vendues**	**Bénéfice réalisé**	**Part du bénéfice**
7	Pelles	150	50		4200		
8	Pioches	110	30		3200		
9	Rateaux	120	80		1500		
10	Sécateurs	75	40		7250		
11	**Total**						
12							
13	**Marge moyenne réalisée :**						
14	**Meilleur bénéfice réalisé :**						
15							

Le Renvoi à la ligne automatique

Remarquez que les rubriques de l'en-tête du tableau (**Types d'articles**, **Prix de vente**, etc...) sont disposées chacune sur deux lignes appartenant à la même cellule.

Avant de commencer votre saisie :

- Sélectionnez la plage de cellules **A6:G6**.
- Choisissez **Format Position**.
- Dans la boîte de dialogue, activez **Renvoi à la ligne automatique** et validez.
- Saisissez ensuite l'ensemble du tableau précédent.

Lorsque vous taperez les différentes rubriques, **Excel** ajustera automatiquement la hauteur de la ligne pour qu'apparaisse complètement la chaîne de caractères saisie.

Le Centrage automatique

Excel vous permet désormais de centrer automatiquement le contenu d'une ou plusieurs cellules **par rapport à un ensemble de colonnes**.

Afin de centrer le titre et le sous-titre de cette feuille par rapport à la largeur du tableau :

- Sélectionnez la plage de cellules **A2:G3**, c'est-à-dire les cellules à centrer d'une part, et celles déterminant la largeur du tableau d'autre part.
- Dans la barre d'outils, cliquez sur le bouton 

Le contenu de vos deux cellules se centre automatiquement.

❖ **ATTENTION !**

Si vous vous placez sur les cellules D2 ou D3, vous constaterez qu'elles sont vides. En effet, Excel n'a déplacé qu'en apparence, c'est-à-dire à l'affichage, le titre et le sous-titre.
Pour les modifier ou les mettre en forme, c'est donc toujours sur les cellules A2 ou A3 qu'il faudra vous positionner.

Construction d'une formule

La colonne **Marge réalisée** est le résultat d'un calcul qui fait appel aux colonnes **Prix de vente** et **Prix de revient**.

Marge réalisée sur un article = **Prix de vente** de l'article - **Prix de revient** de l'article

Vous allez d'abord saisir la formule pour l'article **Pelles** puis vous la recopierez d'un bloc sur les autres cellules.

- Cliquez sur **D7**, cellule devant recevoir la **Marge** des **Pelles**.

- Tapez **"="** au clavier pour indiquer à **Excel** qu'il s'agit d'une formule de calcul.

- Cliquez sur la cellule **B7**, **Prix de vente** des **Pelles**. Elle apparaît sur votre écran entourée de pointillés clignotants, et la barre de formule affiche :

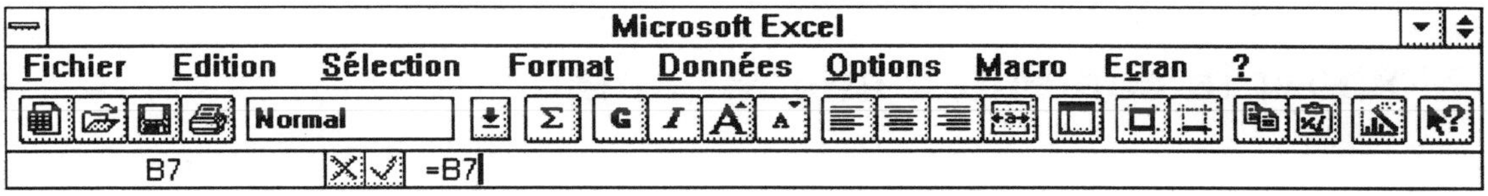

- Tapez **"-"** (opérateur de la soustraction).

  Les pointillés clignotants disparaissent, et **Excel** attend l'adresse de la cellule à soustraire.

- Cliquez sur **C7**, **Prix de revient** des **Pelles**, et validez votre saisie par ↵.

Le nombre **100** apparaît en **D7**, et la barre de formule affiche la formule **=B7-C7**.

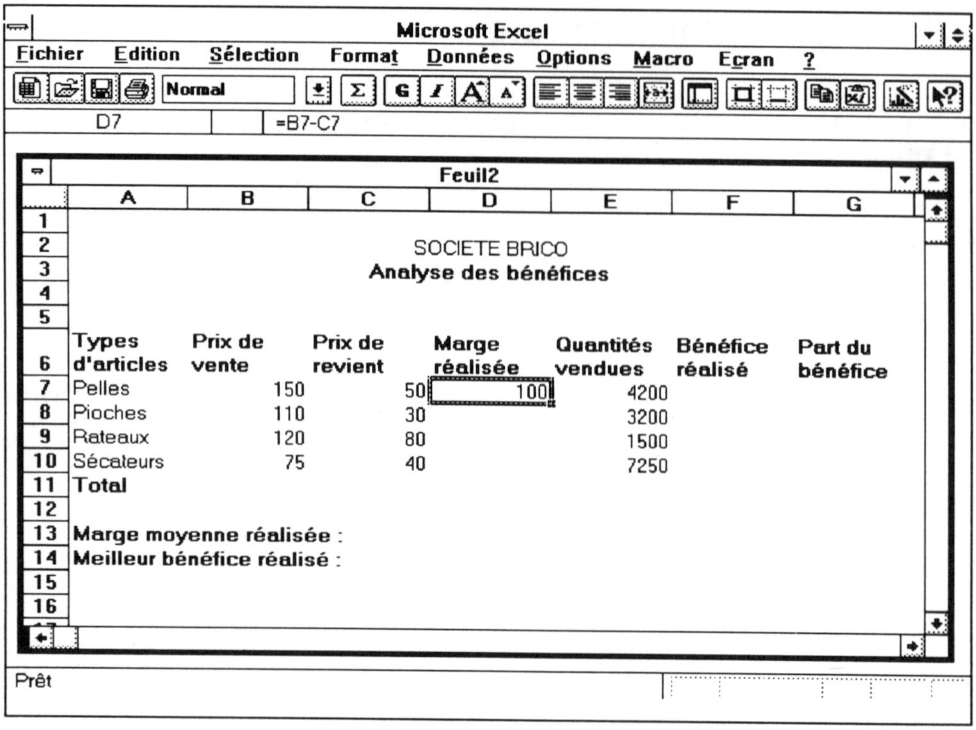

Modifier le contenu d'une formule

Si vous vous êtes trompé dans la saisie d'une formule après l'avoir validée par [↵], vous pouvez toujours la modifier partiellement plutôt que de tout retaper.

Il suffit de cliquer dans la barre de formule à l'endroit désiré et d'utiliser :

⇨ la touche [←] (retour arrière) pour effacer le caractère précédent le curseur.

⇨ la touche [Suppr] pour effacer le caractère suivant le curseur.

Pour supprimer rapidement plusieurs caractères, vous pouvez également les sélectionner à la souris avant d'utiliser ces touches.

Règles de construction d'une formule

⇨ Le signe = doit introduire toute formule. C'est ce qui permet en effet d'indiquer à **Excel** qu'il est en présence d'**une expression à calculer**, et non d'une valeur numérique ou d'une chaîne de caractères.

Si, dans l'exemple précédent, vous aviez omis le signe =, **Excel** aurait considéré l'expression **B7-C7 comme du texte**.

⇨ Pour construire une formule, vous disposez des opérateurs arithmétiques suivants :

OPERATEURS	SYMBOLE	EXEMPLE	RESULTAT
Pourcentage	%	=2%	0,02
Exponentiation	^	=2^4	16
Multiplication	*	=2*4	8
Division	/	=2/4	0,5
Addition	+	=2+4	6
Soustraction	-	=2-4	-2

⇨ Ces opérateurs sont listés dans leur ordre de priorité. Si vous utilisez des opérateurs différents dans une formule, vous devrez donc parfois entrer des parenthèses pour indiquer à **Excel** l'ordre dans lequel le calcul doit s'effectuer.

Exemple :

La formule **=3+2*2** renvoie la valeur **7**.

La formule **=(3+2)*2** renvoie la valeur **10**.

Recopie de formules

Vous allez maintenant calculer la **Marge** des autres **Articles**, en recopiant simplement la formule de **D7** sur les trois cellules suivantes.

1ère Méthode

- Sélectionnez la plage **D7:D10**.
- Choisissez, dans le menu **Edition**, la commande **Recopier vers le bas**.

2ème Méthode

- Cliquez sur la cellule **D7**, et amenez le pointeur de votre souris sur la **poignée de recopie** du curseur :

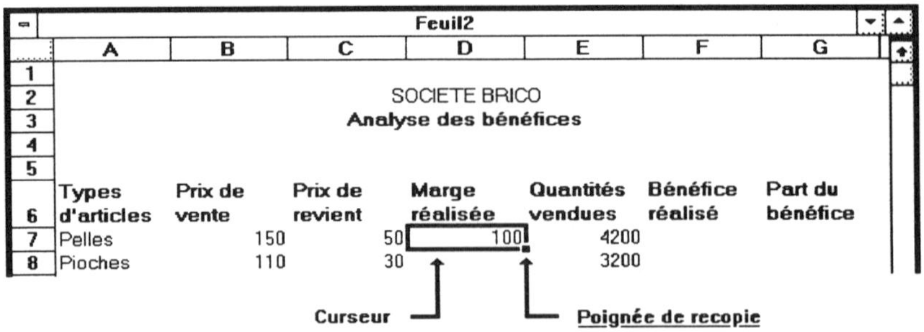

- Lorsqu'il prend la forme d'une croix, appuyez sur le bouton gauche de la souris et, sans le relâcher, déplacez le pointeur sur la cellule **D10**.

Remarque :

- Si vous ne voyez pas de poignée de recopie, ouvrez la boîte de dialogue de **Options Environnement** et activez, en bas de la boîte, la case à cocher **Faire glisser la sélection**.

3ème Méthode

- Placez-vous sur la cellule **D7**, choisissez **Edition Copier** ou cliquez directement dans la barre d'outils sur le bouton

- Sélectionnez la plage **D8:D10**, utilisez la commande **Edition Coller** ou appuyez directement sur .

  Cette troisième méthode vous sera utile pour recopier une formule sur une ou plusieurs cellules non contiguës.

Dans les trois cas, **Excel** recopie la formule de **D7** sur les cellules suivantes, et vous constatez que les résultats sont exacts :

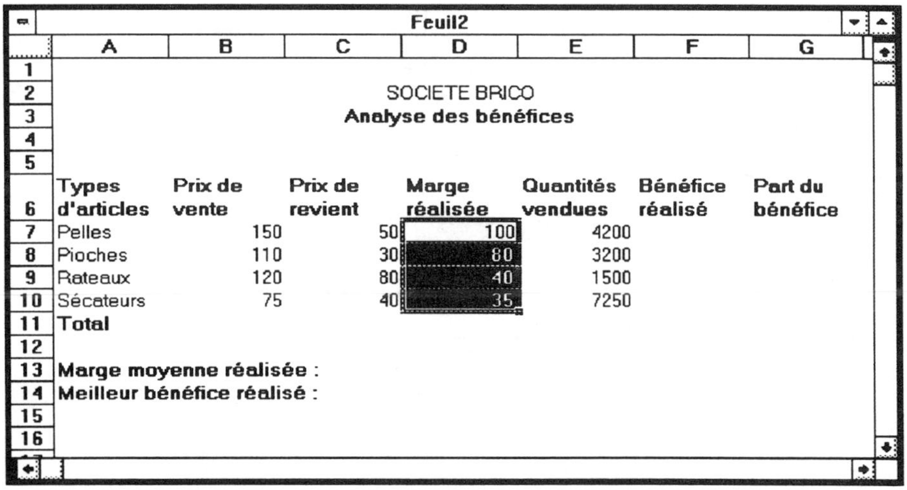
Feuil2

	A	B	C	D	E	F	G
1							
2				SOCIETE BRICO			
3				**Analyse des bénéfices**			
4							
5							
6	**Types d'articles**	**Prix de vente**	**Prix de revient**	**Marge réalisée**	**Quantités vendues**	**Bénéfice réalisé**	**Part du bénéfice**
7	Pelles	150	50	100	4200		
8	Pioches	110	30	80	3200		
9	Rateaux	120	80	40	1500		
10	Sécateurs	75	40	35	7250		
11	**Total**						
12							
13	**Marge moyenne réalisée :**						
14	**Meilleur bénéfice réalisé :**						
15							
16							

Les références relatives

En effet, au moment de la recopie, les références de la formule initiale se sont automatiquement ajustées en fonction de la direction de la copie.

On parle dans ce cas de **références relatives** à une cellule :

- Placez-vous successivement sur **D8**, **D9** puis **D10**, et observez la barre de formule.

La formule initiale **=B7-C7** recopiée en dessous est devenue **=B8-C8**, **=B9-C9**, puis **=B10-C10**.

De cette façon, chaque formule fait toujours référence aux deux cellules qui la précèdent **sur la même ligne**, c'est-à-dire au **Prix de vente** et au **Prix de revient** de l'article correspondant.

Pour obtenir ce résultat, **Excel** a simplement ajouté à chaque référence de la **formule initiale**, un nombre de lignes correspondant à la position de la copie **par rapport** à cette formule d'origine :

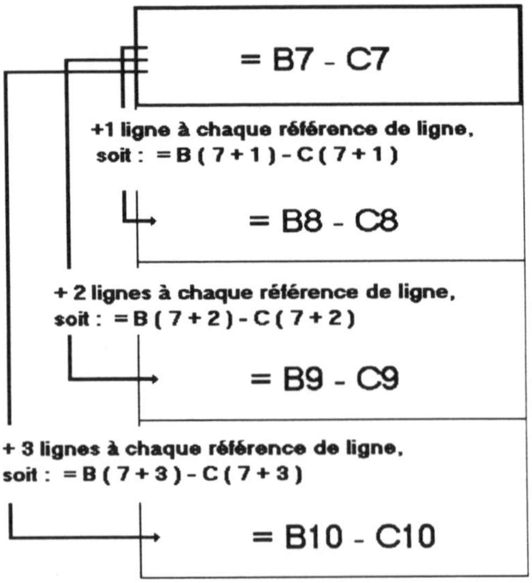

Technique de copie rapide

Une utilisation astucieuse de la sélection va vous permettre de construire et de recopier, en une seule opération, la formule de calcul du **Bénéfice réalisé**.

Bénéfice réalisé sur un article = **Marge réalisé** sur l'article * **Quantités vendues**

- Placez vous sur la cellule **F7**, et sélectionnez la plage **F7:F10**.
- Tapez "=" au clavier pour débuter votre formule et cliquez sur la cellule **D7**, **Marges réalisée** sur les **Pelles**.

  Celle-ci apparaît sur votre écran entourée de pointillés clignotants.

- Tapez "*" (opérateur de la multiplication).

  Les pointillés clignotants disparaissent, et **Excel** attend l'adresse de la cellule à multiplier.

- Cliquez sur **E7**, **Quantités vendues** pour les **Pelles**.

  Sans valider votre formule, vous obtenez :

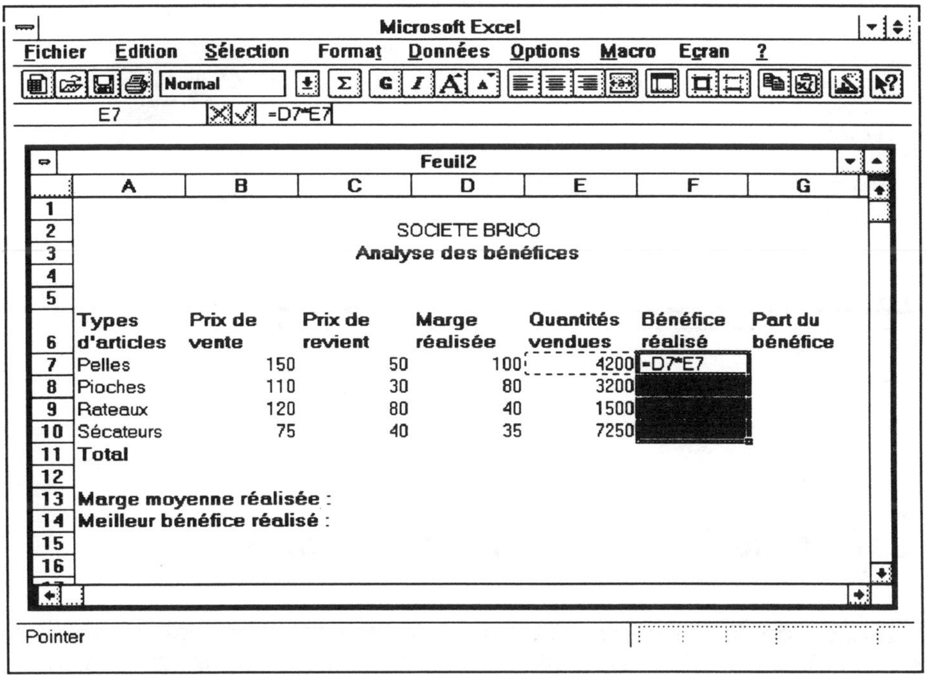

La cellule **F7**, cellule active de votre sélection, contient la formule du **Bénéfice** des **Pelles** à recopier sur le reste de la sélection.

■ Pressez la touche [Ctrl], et sans la relâcher, la touche [↵].

Vous validez ainsi la formule du **Bénéfice réalisé**, en même temps qu'elle se recopie sur les trois cellules suivantes :

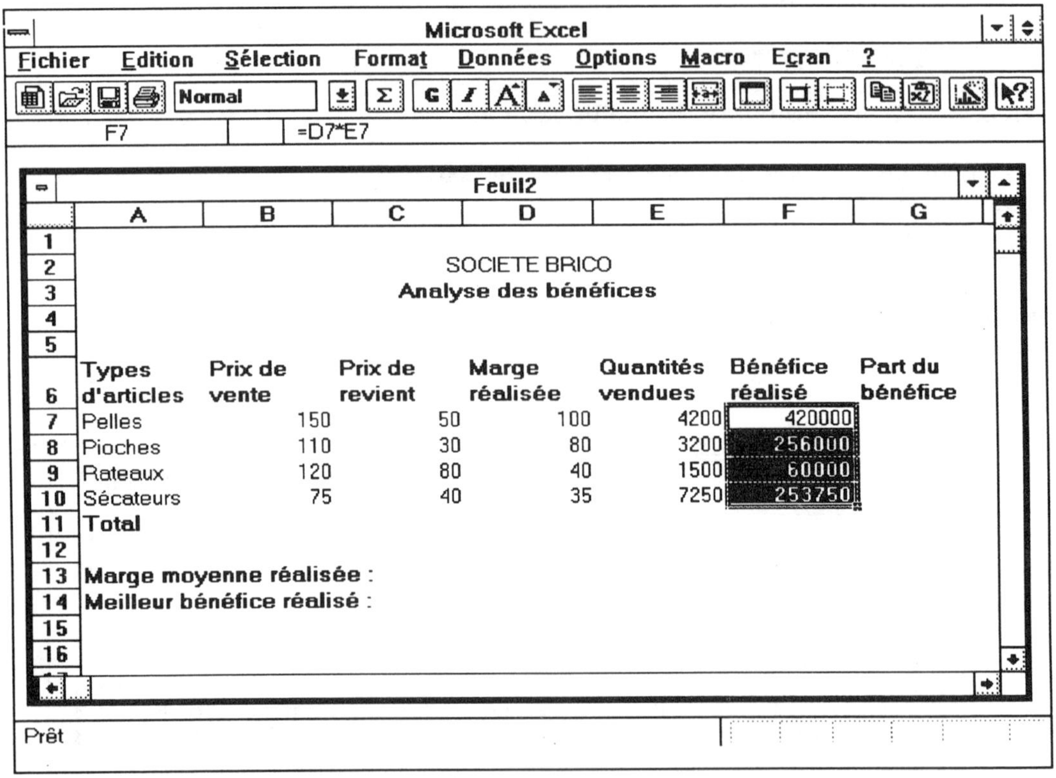

	A	B	C	D	E	F	G
1							
2				SOCIETE BRICO			
3				**Analyse des bénéfices**			
4							
5							
6	**Types d'articles**	**Prix de vente**	**Prix de revient**	**Marge réalisée**	**Quantités vendues**	**Bénéfice réalisé**	**Part du bénéfice**
7	Pelles	150	50	100	4200	420000	
8	Pioches	110	30	80	3200	256000	
9	Rateaux	120	80	40	1500	60000	
10	Sécateurs	75	40	35	7250	253750	
11	**Total**						
12							
13	**Marge moyenne réalisée :**						
14	**Meilleur bénéfice réalisé :**						
15							
16							

Utilisation de fonctions dans les formules

Excel dispose de **9** ensembles de fonctions préprogrammées, vous permettant de réaliser les calculs les plus divers (financiers, statistiques, trigonométriques, logiques...).

En utilisant ces fonctions, vous éviterez la construction de longues formules à plusieurs opérateurs, diminuant ainsi les risques d'erreur.

LA FONCTION SOMME

Pour calculer, en **F11**, le **Total** du **Bénéfice réalisé**, vous pourriez par exemple construire la formule :

=F7+F8+F9+F10

Au lieu de cela :

- Placez-vous sur **F11** et tapez "**=somme(**".
- Sélectionnez la plage **F7:F10**.
- Tapez "**)**" pour fermer la parenthèse et validez par [↵].

Le **Total** s'affiche alors en **F11**. La fonction **somme** a automatiquement sommé l'ensemble des cellules contenues dans la plage **F7:F10**.

❑ **Remarque** :

- Vous pouvez saisir le nom de la fonction **indifféremment en minuscule ou en majuscule**, mais veillez à n'**introduire aucun espace** avant et après ce nom.

- Pour sommer des cellules ou plages de cellules disjointes, il suffit de séparer, dans les parenthèses de la fonction, les différentes cellules ou plages de cellules par un point virgule.

  Par exemple, pour sommer uniquement les deux premiers articles de la liste et le dernier, vous construiriez la formule :

  =somme(F7:F8;F10)

LA FONCTION MOYENNE

- Placez-vous en **D13** pour y calculer la **Marge moyenne réalisée**.
- Tapez "**=moyenne(**" puis sélectionnez la plage **D7:D10** représentant les différentes marges.
- Fermez la parenthèse en tapant "**)**" et validez par [↵].

Vous obtenez ainsi la valeur moyenne de la marge réalisée sur un produit, ce qui, sans l'aide de cette fonction, aurait nécessité la formule :

=(D7+D8+D9+D10)/4

LA FONCTION MAX

Le directeur commercial souhaite connaître **le meilleur bénéfice réalisé** parmi les différents bénéfices de la colonne **F**.

- En **D14**, tapez "**=max(**".
- Sélectionnez la plage **F7:F10** (colonne **Bénéfice réalisé**).
- Tapez "**)**" pour fermer la parenthèse et validez par [↵].

La fonction **max** compare les différentes valeurs de la plage et renvoie la valeur la plus élevée.

Utilisation d'une adresse absolue

Il reste à calculer la **Part du bénéfice** de chaque article pour terminer la construction du tableau.

Part du bénéfice d' un article = **Bénéfice réalisé** sur l'article / **Total** des **Bénéfices**

- Placez-vous en **G7**, **Part du bénéfice** pour les **Pelles**, et tapez "**=**".
- Cliquez sur **F7**, tapez "**/**" puis cliquez sur **F11** (**Total** du **Bénéfice réalisé**).
- Validez votre formule par [↵].

Une fois cette part calculée pour les **Pelles**, **recopiez la formule** pour les 3 autres articles :

- Sélectionnez la plage **G7:G10** et choisissez **Edition Recopier vers le bas**.

La valeur d'erreur #DIV/0! apparaît alors dans les 3 cellules recevant la copie :

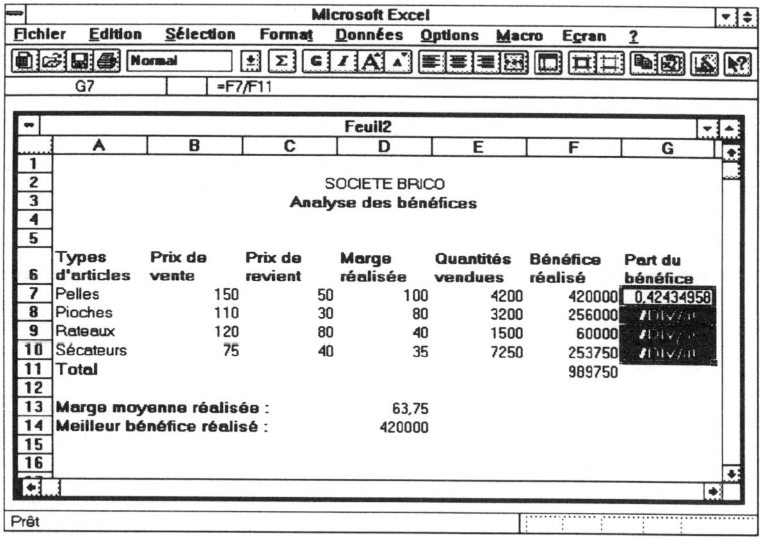

En effet, en se déplaçant par exemple sur la cellule **G8**, on peut voir dans la barre de formule que la formule initiale **=F7/F11** est devenue **=F8/F12**, puisqu'**Excel** a ajusté les références au moment de la copie.

Si **F8** contient bien le **Bénéfice réalisé** sur les **Pioches**, par contre la deuxième référence de la formule, **F12**, ne représente plus le **Total** du **Bénéfice réalisé**.

C'est une cellule vide (la valeur d'une cellule vide est zéro par défaut) et **Excel** vous avertit donc que vous tentez de **faire une division par zéro**.

A moins de rentrer les trois formules exactes dans chacune des cellules, il faut alors modifier la formule initiale de **G7**, afin que la référence au **Total** du **Bénéfice réalisé** (cellule **F11**), ne change pas au moment de la recopie.

La cellule **F11** doit donc constituer une **référence absolue** dans la formule de **G7**, c'est-à-dire une cellule dont l'adresse ne dépend pas de la position de la formule, mais est définie **absolument**, par ses références en ligne et colonne dans votre feuille.

- Placez vous en **G7** et cliquez, dans la barre de formule, sur la référence **F11** (juste avant, après, ou au milieu de la référence).
- Pressez la touche [F4] ou choisissez la commande **Sélection Références**, puis validez par [↵].

Vous obtenez :

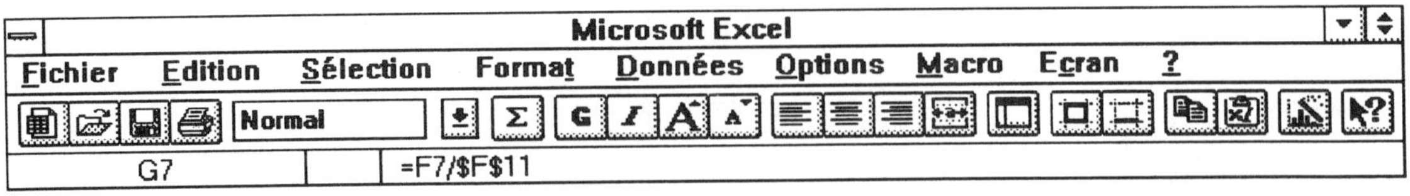

Le symbole **$** devant le **F** et le **11** de la formule **=F7/$F$11** vous indique que la référence **$F$11** est désormais **absolue**.

Vous pouvez maintenant recopier cette formule pour les trois articles suivants, les résultats seront exacts puisque **$F$11** restera **$F$11** dans toutes les formules :

- Sélectionnez la plage **G7:G10**, puis choisissez la commande **Edition Recopier vers le bas**.
- Placez-vous ensuite sur **G8**.

  Vous constatez, en effet, que la référence **$F$11** n'a pas été modifiée au moment de la recopie de la formule :

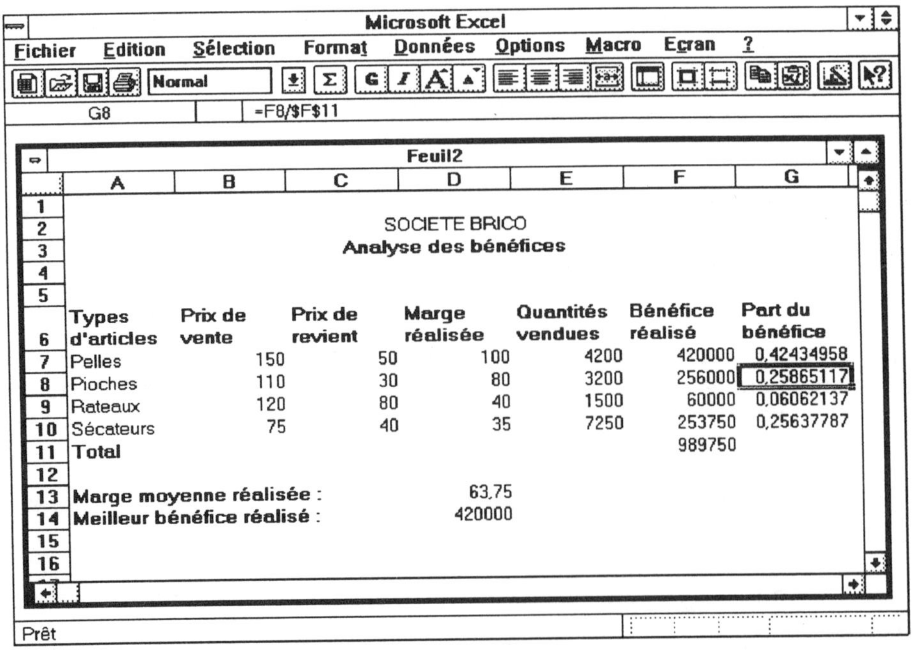

	A	B	C	D	E	F	G
1							
2				SOCIETE BRICO			
3				**Analyse des bénéfices**			
4							
5							
6	**Types d'articles**	**Prix de vente**	**Prix de revient**	**Marge réalisée**	**Quantités vendues**	**Bénéfice réalisé**	**Part du bénéfice**
7	Pelles	150	50	100	4200	420000	0,42434958
8	Pioches	110	30	80	3200	256000	0,25865117
9	Rateaux	120	80	40	1500	60000	0,06062137
10	Sécateurs	75	40	35	7250	253750	0,25637787
11	**Total**					989750	
12							
13	**Marge moyenne réalisée :**			63,75			
14	**Meilleur bénéfice réalisé :**			420000			
15							
16							

Mettez en forme la présentation de ces résultats :

- Sélectionnez la plage **G7:G10** et choisissez la commande **Format Nombre**.
- Dans la boîte de dialogue, cliquez dans la zone **Catégorie** sur **Pourcentage**, et sélectionnez dans les **Codes de formats** le code **0,00%** avant de valider.

Insertion de cellules

Afin d'aérer la présentation du document, vous allez insérer une ligne vide sous l'en-tête de votre tableau :

- Sélectionnez la plage **A7:G7**, correspondant à la position de la ligne à insérer.

- Choisissez **Edition Insérer**.

  Une boîte de dialogue vous demande alors dans quelle direction vous souhaitez décaler les cellules sélectionnées :

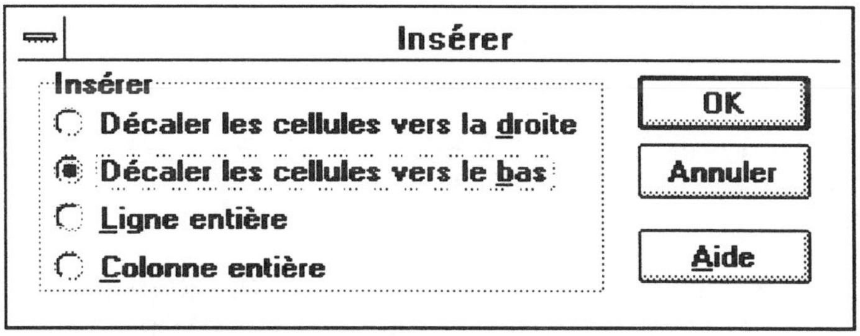

L'option **Ligne entière** vous permettrait d'insérer une ligne sur toute la largeur de la feuille, c'est-à-dire de la colonne **A** à la colonne **IV** (256 ème colonne), décalant ainsi toutes les cellules du dessous vers le bas.

L'option **Colonne entière** insérerait **7** colonnes et décalerait donc toutes les données des colonnes **A** à **E** en colonne **H**.

- Laissez active l'option **Décaler les cellules vers le bas** et validez la boîte.

Vous obtenez :

Feuil2

	A	B	C	D	E	F	G
1							
2				SOCIETE BRICO			
3				**Analyse des bénéfices**			
4							
5							
6	**Types d'articles**	**Prix de vente**	**Prix de revient**	**Marge réalisée**	**Quantités vendues**	**Bénéfice réalisé**	**Part du bénéfice**
7							
8	Pelles	150	50	100	4200	420000	42,43%
9	Pioches	110	30	80	3200	256000	25,87%
10	Rateaux	120	80	40	1500	60000	6,06%
11	Sécateurs	75	40	35	7250	253750	25,64%
12	**Total**					989750	
13							
14	**Marge moyenne réalisée** :			63,75			
15	**Meilleur bénéfice réalisé** :			420000			
16							

Le directeur commercial veut d'autre part analyser la répercussion de la vente d'un nouveau type d'articles, des **Scies**.

- Sélectionnez la plage **A11:G11** pour insérer ce nouveau type juste au dessus des **Sécateurs**.

  Si vous utilisez simplement la commande **Edition Insérer**, vous insérerez bien une ligne vide, mais il faudra ensuite recopier les différentes formules pour ce nouvel article.

  Vous allez donc faire une copie de la ligne des **Sécateurs**, et demander ensuite à **Excel** d'**insérer** cette copie juste au dessus de la sélection :

- Choisissez **Edition Copier** ou cliquez dans la barre d'outils sur 

- Choisissez **Edition Insérer et Coller**, puis activez dans la boîte de dialogue l'option **Décaler les cellules vers le bas** avant de valider.

  Vous avez désormais 2 lignes de **Sécateurs**, et **Excel** a décalé le reste du tableau vers le bas.

- Pressez [Echap] pour faire disparaître les pointillés clignotants de la zone de copie.
- Modifiez ensuite le contenu des cellules **A11**, **B11**, **C11** et **E11**, afin d'obtenir le tableau suivant :

Feuil2

	A	B	C	D	E	F	G
1							
2				SOCIETE BRICO			
3				**Analyse des bénéfices**			
4							
5							
6	**Types d'articles**	**Prix de vente**	**Prix de revient**	**Marge réalisée**	**Quantités vendues**	**Bénéfice réalisé**	**Part du bénéfice**
7							
8	Pelles	150	50	100	4200	420000	31,95%
9	Pioches	110	30	80	3200	256000	19,47%
10	Rateaux	120	80	40	1500	60000	4,56%
11	Scies	85	20	65	5000	325000	24,72%
12	Sécateurs	75	40	35	7250	253750	19,30%
13	**Total**					1314750	
14							
15	**Marge moyenne réalisée :**			64			
16	**Meilleur bénéfice réalisé :**			420000			

Déplacement de cellules

Vous allez déplacer la ligne **13** contenant le **Total** en ligne **14**.

1ère Méthode

- Sélectionnez la plage **A13:F13** puis choisissez **Edition Couper**.
- Cliquez sur **A14**, choisissez **Edition Coller** ou appuyez directement sur [↵].

❖ **ATTENTION !**

Si vous collez des cellules sur une plage de cellules non vides, le contenu de celles-ci sera détruit par l'opération de collage.

En cas d'erreur, annulez immédiatement votre commande par Edition Annuler Coller.

2ème Méthode

- Sélectionnez la plage **A13:F13**.
- Amenez le pointeur de la souris sur la bordure inférieure de la sélection, de manière à ce qu'il prenne **la forme d'une flèche**.
- Appuyez sur le bouton gauche de la souris et, sans le relâcher, déplacez-vous légèrement vers le bas de manière à encadrer la plage **A14:F14** :

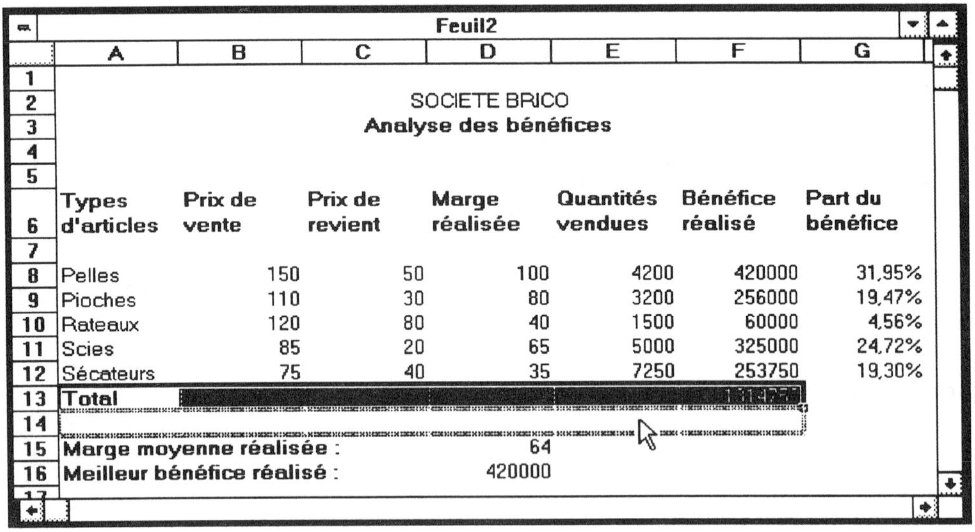
Feuil2

	A	B	C	D	E	F	G
1							
2				SOCIETE BRICO			
3				**Analyse des bénéfices**			
4							
5							
6	**Types d'articles**	**Prix de vente**	**Prix de revient**	**Marge réalisée**	**Quantités vendues**	**Bénéfice réalisé**	**Part du bénéfice**
7							
8	Pelles	150	50	100	4200	420000	31,95%
9	Pioches	110	30	80	3200	256000	19,47%
10	Rateaux	120	80	40	1500	60000	4,56%
11	Scies	85	20	65	5000	325000	24,72%
12	Sécateurs	75	40	35	7250	253750	19,30%
13	**Total**						
14							
15	**Marge moyenne réalisée :**			64			
16	**Meilleur bénéfice réalisé :**			420000			

- Relâchez le bouton.

DEPLACEMENT AVEC INSERTION

Pour regrouper les cellules contenant des formules sur les trois dernières colonnes du tableau, vous allez intervertir la position de la colonne **Marge réalisée** avec celle des **Quantités vendues**.

Les formules de calcul de la **Marge réalisée** et du **Bénéfice réalisé** seront automatiquement modifiées.

1ère Méthode

- Sélectionnez les cellules **E6:E12**, puis choisissez **Edition Couper**.
- Sélectionnez **D6:D12** (ou cliquez simplement sur **D6**), pour insérer les cellules coupées avant la colonne des marges réalisées.
- Choisissez **Edition Insérer et Coller**.

2ème Méthode

- Sélectionnez les cellules **E6:E12**.
- Amenez le pointeur de la souris sur la bordure gauche de la sélection, de manière à ce qu'il prenne **la forme d'une flèche**.
- Appuyez, sans les relâcher, sur le bouton gauche de la souris et la touche [⇧Shift], puis déplacez-vous vers la gauche de manière à obtenir :

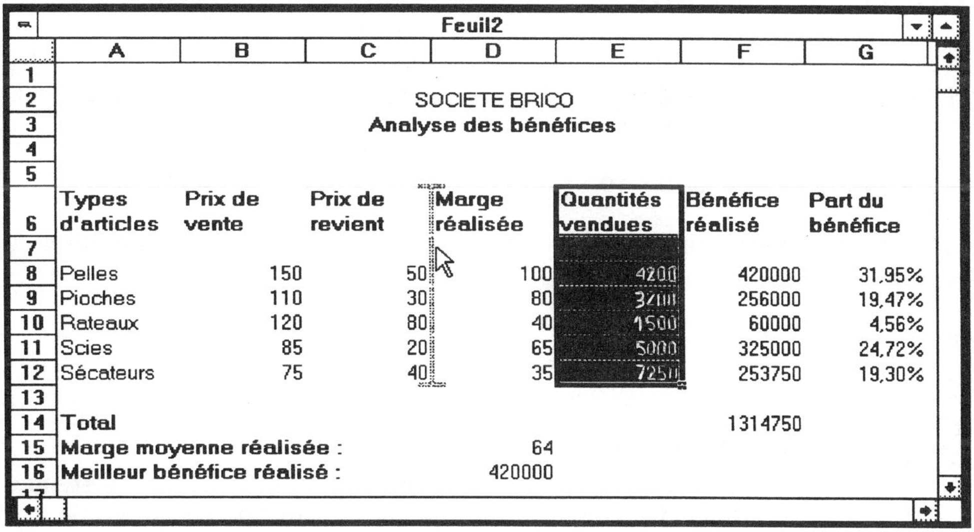

Feuil2

	A	B	C	D	E	F	G
1							
2				SOCIETE BRICO			
3				Analyse des bénéfices			
4							
5							
6	Types d'articles	Prix de vente	Prix de revient	Marge réalisée	Quantités vendues	Bénéfice réalisé	Part du bénéfice
7							
8	Pelles	150	50	100	4200	420000	31,95%
9	Pioches	110	30	80	3200	256000	19,47%
10	Rateaux	120	80	40	1500	60000	4,56%
11	Scies	85	20	65	5000	325000	24,72%
12	Sécateurs	75	40	35	7250	253750	19,30%
13							
14	Total					1314750	
15	Marge moyenne réalisée :			64			
16	Meilleur bénéfice réalisé :			420000			

- Relâchez le bouton puis la touche.

Dans les deux cas, vous obtenez l'écran de la page suivante.

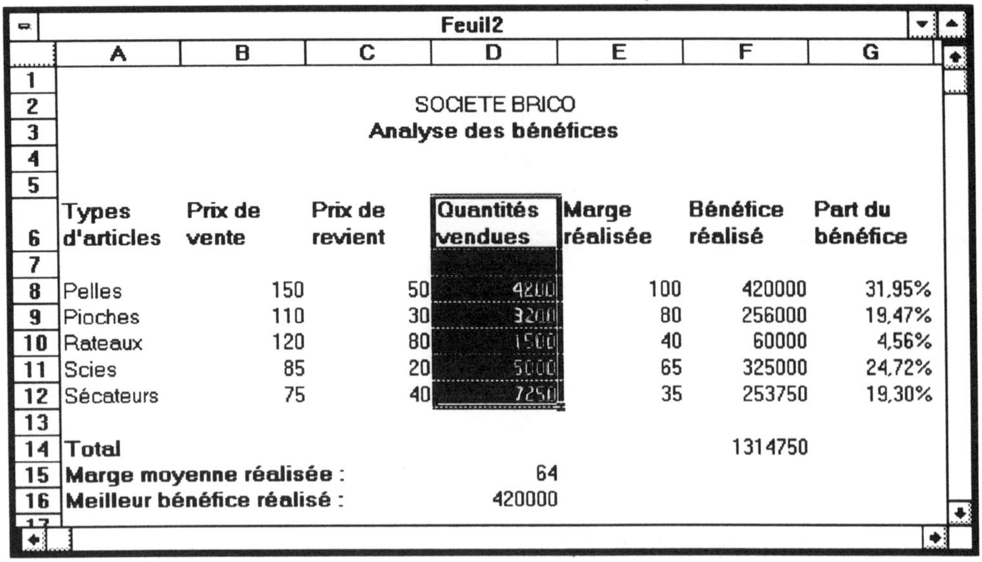

	A	B	C	D	E	F	G
1							
2				SOCIETE BRICO			
3				**Analyse des bénéfices**			
4							
5							
6	**Types d'articles**	**Prix de vente**	**Prix de revient**	**Quantités vendues**	**Marge réalisée**	**Bénéfice réalisé**	**Part du bénéfice**
7							
8	Pelles	150	50	4200	100	420000	31,95%
9	Pioches	110	30	3200	80	256000	19,47%
10	Rateaux	120	80	1500	40	60000	4,56%
11	Scies	85	20	5000	65	325000	24,72%
12	Sécateurs	75	40	7250	35	253750	19,30%
13							
14	**Total**					1314750	
15	**Marge moyenne réalisée :**			64			
16	**Meilleur bénéfice réalisé :**			420000			

Suppression de cellules

La société décide de stopper la commercialisation des **Rateaux**. Vous allez donc supprimer cette ligne du tableau.

- Sélectionnez la plage **A10:G10** puis choisissez **Edition Supprimer**.
- Dans la boîte de dialogue, assurez-vous que l'option **Décaler les cellules vers le haut** est active et validez.

La ligne des **Rateaux** est détruite.

❖ **ATTENTION !**

Si vous supprimez des cellules constituants des références pour certaines formules du tableau, celles-ci généreront la valeur d'erreur #REF!, vous indiquant que la référence n'existe pas ou est inconnue.

EXEMPLE :

- Supprimez la cellule **F13**, contenant le total du **Bénéfice réalisé**. Vous obtenez :

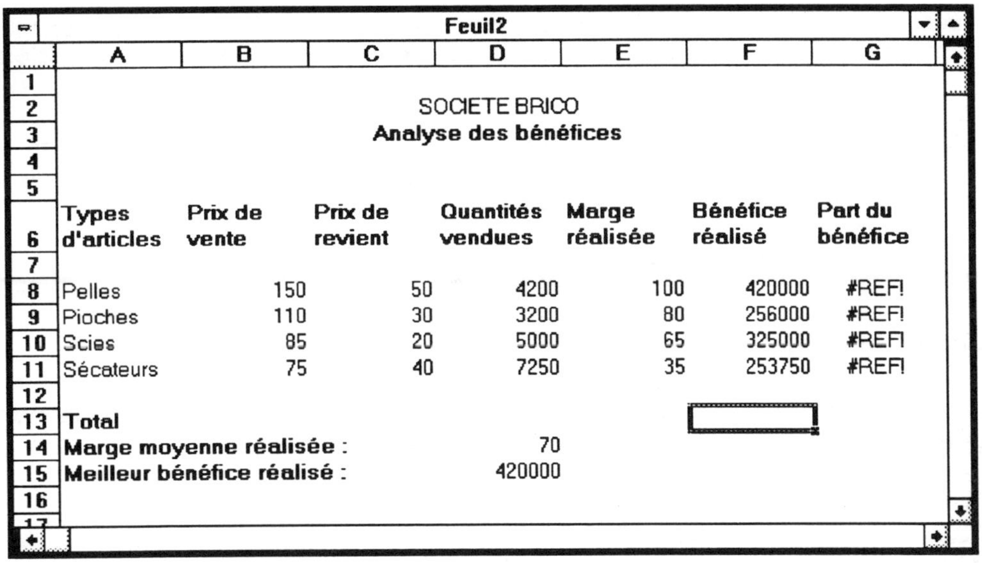

Feuil2

	A	B	C	D	E	F	G
1							
2				SOCIETE BRICO			
3				**Analyse des bénéfices**			
4							
5							
6	**Types d'articles**	**Prix de vente**	**Prix de revient**	**Quantités vendues**	**Marge réalisée**	**Bénéfice réalisé**	**Part du bénéfice**
7							
8	Pelles	150	50	4200	100	420000	#REF!
9	Pioches	110	30	3200	80	256000	#REF!
10	Scies	85	20	5000	65	325000	#REF!
11	Sécateurs	75	40	7250	35	253750	#REF!
12							
13	**Total**						
14	**Marge moyenne réalisée :**			70			
15	**Meilleur bénéfice réalisé :**			420000			
16							

■ Annulez immédiatement cette commande par **Edition** **Annuler Supprimer**.

Recherche d'une valeur cible

Le directeur commercial pense vendre 5000 scies l'année prochaine, et aimerait savoir à combien fixer le prix de vente, s'il veut en tirer un bénéfice de **350 000 F**.

■ Cliquez sur **F10**, cellule contenant le **Bénéfice réalisé** sur les **Scies**.

■ Choisissez **Sélection** **Valeur cible**.

Excel ouvre alors une boîte de dialogue déplaçable, puisqu'elle est dotée de **sa propre barre de titre** :

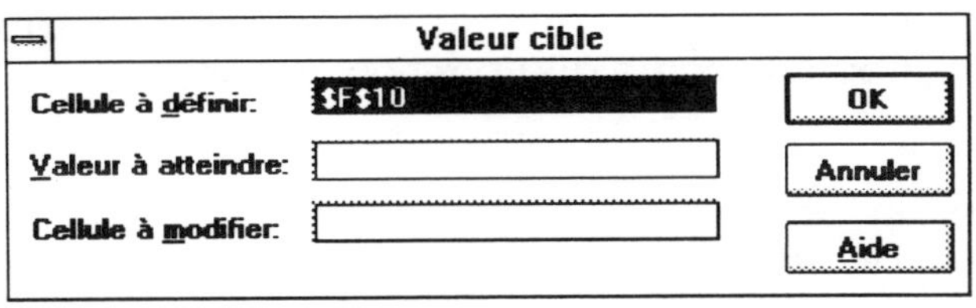

■ Cliquez, dans la barre de titre de la boîte, sur **Valeur cible** et, sans relâcher le bouton de la souris, déplacez le cadre de manière à bien dégager votre tableau.

La **Cellule à définir** étant bien **$F$10** :

■ Cliquez dans la zone de texte **Valeur à atteindre** et tapez "**350000**".

■ Cliquez ensuite dans la zone **Cellule à modifier** puis, dans votre feuille, cliquez sur **B10**, cellule contenant le **Prix de vente** des **Scies**.

■ Validez la boîte de dialogue.

Excel effectue alors un calcul itératif pour trouver une solution, et affiche la boîte de dialogue :

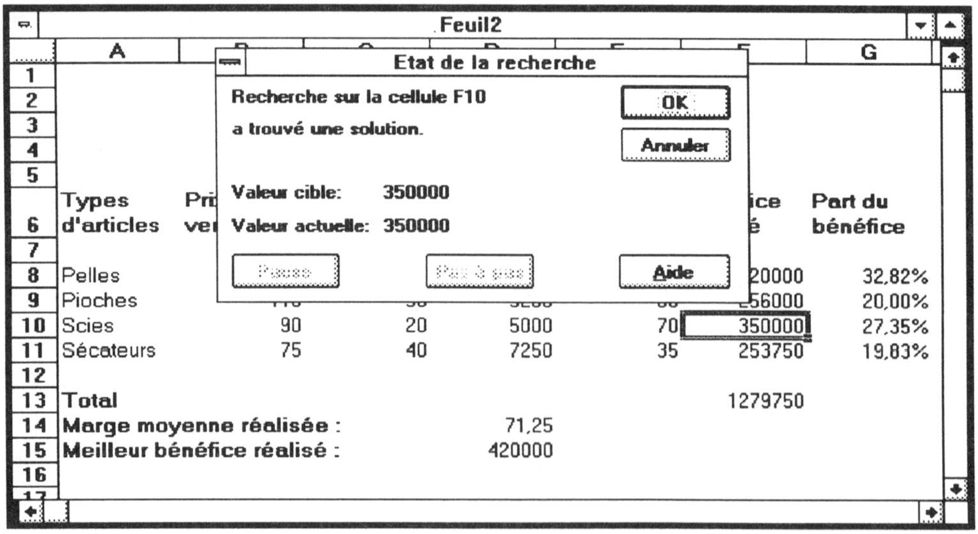

Déplacez cette boîte pour bien visualiser le résultat obtenu par **Excel** :

■ Cliquez dans la barre de titre sur **Etat de la recherche**, et sans relâcher le bouton de la souris, faites glisser le cadre à la position voulue.

Excel a déterminé un nouveau **Prix de vente** des **Scies**, en changeant directement la valeur de **B10**.

- Validez par [↵] pour conserver ce résultat.

ou

- Pressez [Echap] pour retrouver les valeurs initiales de votre tableau.

❑ **Remarque :**

Vous pouvez bien sûr rechercher des valeurs cibles pour d'autres cellules, en respectant les deux règles suivantes :

- La **Cellule à Définir** doit toujours être une cellule contenant une formule.
- La **Cellule à modifier** doit être une valeur numérique (et non une formule) antécédente de la **Cellule à Définir**, c'est-à-dire qui en conditionne le résultat.

■ A ce stade de l'exercice, sauvegardez votre tableau à l'aide de la commande **Fichier Enregistrer** ou en cliquant dans la barre d'outils sur le bouton [💾] et donnez-lui le nom **BRICO**.

Impression de la feuille de calcul

CONFIGURATION OU CHOIX DE L'IMPRIMANTE

■ Choisissez la commande **Mise en page** du menu **Fichier**.

■ Cliquez ensuite, dans la boîte de dialogue, sur le bouton **Configurer**.

Excel vous indique alors, dans une nouvelle boîte, la ou les imprimantes que vous avez installées avec votre application **Windows**.

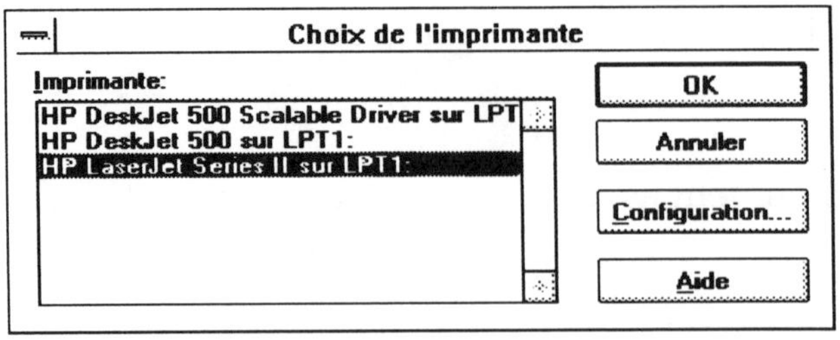

- Cliquez sur l'imprimante que vous souhaitez utiliser si elle n'est pas sélectionnée, et validez par ↵.

Vous pouvez également, à partir du bouton **Configuration** de cette boîte, modifier la configuration matérielle de votre imprimante, c'est-à-dire les cartouches de polices utilisées, la mémoire, la résolution graphique, etc...

Si vous cliquez sur ce bouton, vous accéderez en réalité directement au panneau de configuration d'imprimantes de **Windows**.

Toute modification effectuée se répercutera donc sur l'ensemble des applications utilisées avec l'interface **Windows**.

☞ **TRES UTILE !**

N'utilisez donc ce bouton que si votre imprimante n'a pas été configurée correctement lors de l'installation de **Windows.**

Pour choisir l'orientation et, le cas échéant, la taille du papier utilisée, il est en effet préférable d'utiliser directement la commande **Mise en page** du menu **Fichier**, car vos modifications n'affecteront alors que le document que vous souhaitez imprimer.

- Validez ensuite la boîte de dialogue **Mise en page**.

APERÇU AVANT IMPRESSION

Avant d'imprimer votre document, vous avez la possibilité d'en avoir un **aperçu en pleine page**, ce qui vous permettra de modifier certains paramètres tels que les marges ou la largeur des colonnes si le résultat ne vous convient pas.

■ Choisissez **Fichier** **Aperçu avant impression**.

Vous obtenez :

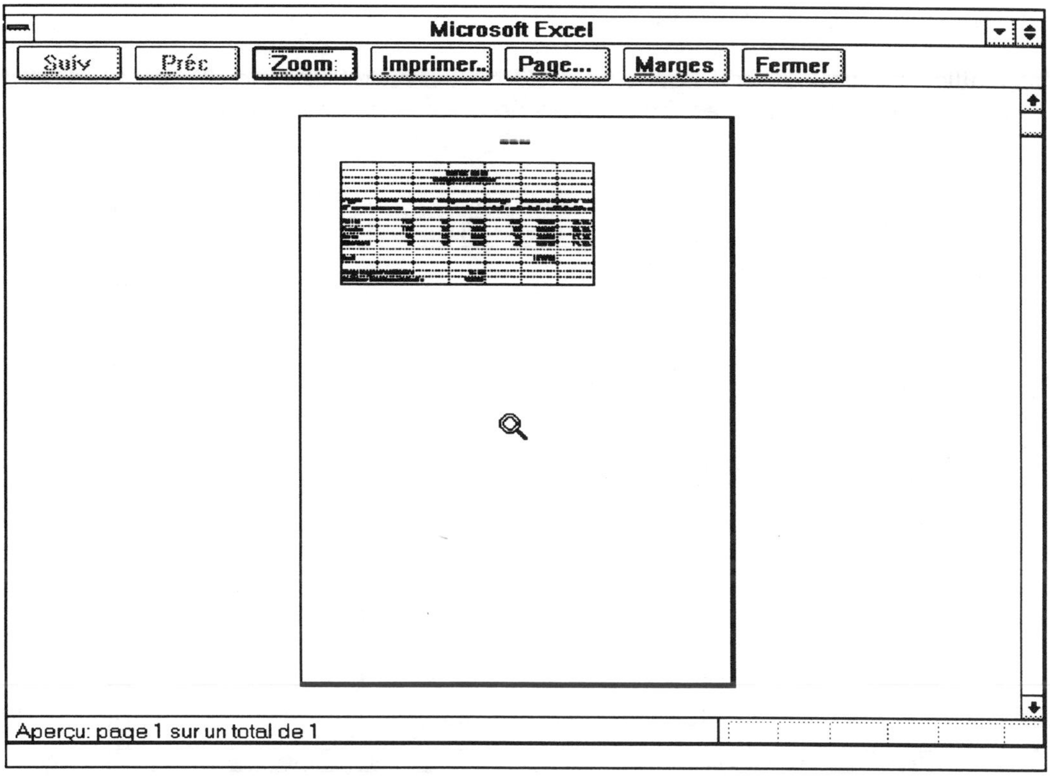

Si votre document possède plusieurs pages, les boutons **Suiv** et **Préc** vous permettront de les faire défiler les unes après les autres.

Remarquez que le pointeur de la souris, lorsque vous le placez sur une zone quelconque de la feuille, prend la forme d'une loupe.

■ Placez-vous sur la portion de la feuille à **zoomer** et cliquez.

Vous obtenez alors une vue agrandie de la page.

■ Cliquez de nouveau pour retourner à la visualisation de la page entière.

LE BOUTON MARGES

Il vous permet de modifier les 4 marges d'impression de votre document, ainsi que la largeur des colonnes.

■ Cliquez sur le bouton **Marges**.

Votre feuille apparaît avec 4 lignes pointillées, délimitant la zone d'impression, et des petits carrés noirs, les **poignées**, à l'aplomb de chaque colonne de la feuille :

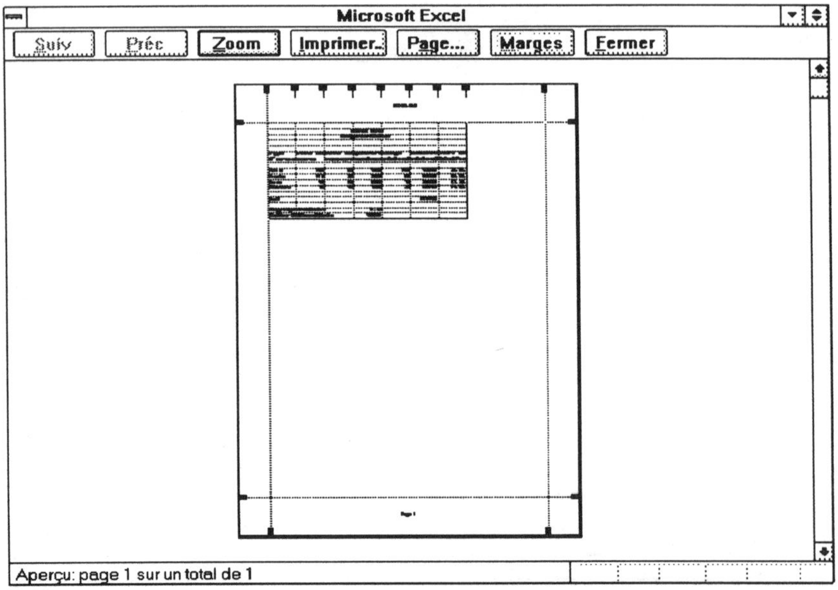

■ Placez le pointeur sur une des poignées ou directement sur une des lignes pointillées (y compris celles séparant les colonnes).

Il prend alors la forme d'une croix : 

■ Cliquez, et sans relâcher le bouton de la souris, déplacez le pointeur pour modifier, par exemple, la largeur d'une colonne.

Pendant que vous la modifiez, sa valeur numérique apparaît en bas et à gauche de votre écran.

❑ **Remarque** :

Vous pouvez également faire ces modifications lorsque votre feuille est en vue agrandie.

- Pour faire disparaître les marges et poignées une fois le résultat obtenu, cliquez de nouveau sur le bouton **Marges**.

Configuration de l'impression

- Cliquez sur le bouton **Page** pour ouvrir la boîte de dialogue correspondant à **Fichier Mise en page**.

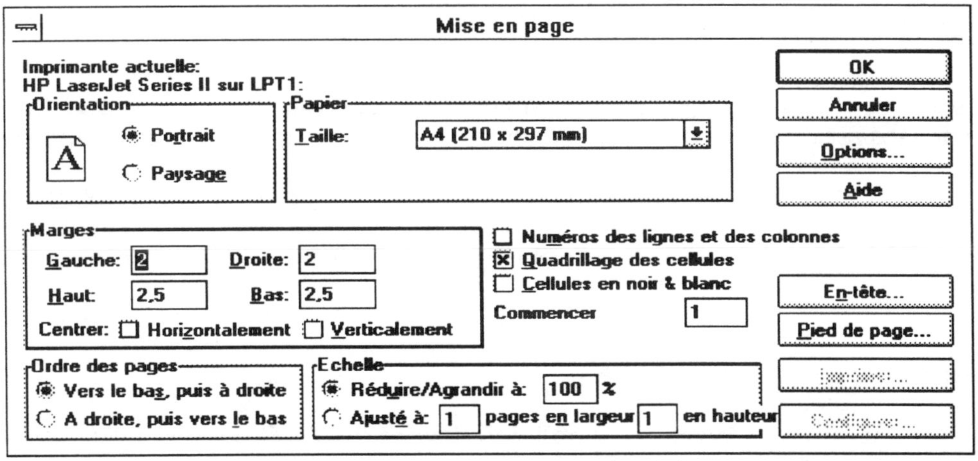

ORIENTATION ET TAILLE DU PAPIER

Si votre imprimante le permet, vous pouvez activer l'option **Paysage**, afin d'imprimer votre tableau à l'italienne, et choisir le format de papier que vous utilisez dans la boîte à liste déroulante **Taille**.

LES MARGES

Ce sont les quatres lignes pointillées que vous visualisez lorsque vous pressez le bouton **Marges**.

Elles déterminent la zone d'impression du document sur la feuille de papier utilisée.

Par défaut, **Excel** vous propose **2 cm** à gauche et à droite et **2,5 cm** en haut et en bas.

Vous pouvez diminuer ces valeurs si votre tableau est important pour essayer de l'imprimer sur une seule page.

Enfin, en activant les cases à cocher **Centrer horizontalement** et **Verticalement**, votre tableau s'imprimera automatiquement au centre de la zone d'impression.

NUMERO DE LIGNE/COLONNE, QUADRILLAGE ET COULEURS

- Laissez désactivée la case **Numéros des lignes et des colonnes** si vous ne voulez pas qu'**Excel** imprime votre tableau avec les **numéros** de ligne et **lettres** de colonne.
- Désactivez **Quadrillage des cellules** si vous ne voulez pas que les lignes pointillées séparant les différentes cellules du tableau apparaissent à l'impression.
- Activez **Cellules en Noir&Blanc** si vous ne voulez pas que vos choix de couleurs soient pris en compte à l'impression. Mais dans ce cas les motifs de cellules (grisé ou autre..) n'apparaîtront pas non plus.

LES EN-TETES ET PIEDS DE PAGE

Un en-tête ou un pied de page est un texte devant apparaître respectivement **en haut** ou **en bas de toutes les pages** d'un document.

Par défaut, **Excel** fait apparaître le nom du document en haut des pages (code **&N**), et le numéro de la page précédée du texte **Page** en bas des pages (code **Page &P**). Tous deux sont automatiquement **centrés**, et placés à environ **1,25 cm** du haut ou du bas de la feuille.

Pour insérer ou modifier un en-tête ou un pied de page :

- Cliquez dans la boîte de dialogue sur le bouton correspondant, ici **En-tête**.

Excel ouvre une boîte de dialogue comportant trois zones de texte :

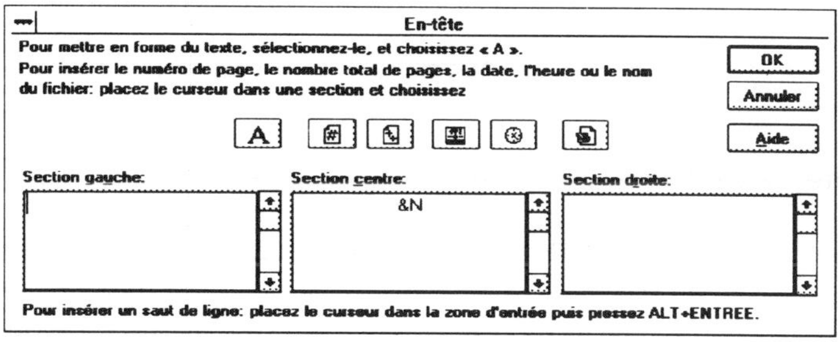

■ Cliquez sur la zone de votre choix, et tapez simplement le texte que vous souhaitez voire apparaître respectivement à **gauche**, au **centre** ou à **droite** de l'en-tête.

Pour mettre en forme les caractères de l'en-tête :

■ Sélectionnez les caractères que vous souhaitez mettre en forme, et cliquez sur 

Excel ouvre alors la boîte de dialogue de la commande **Format Police**, ce qui vous permet de choisir une police, un style et une taille pour les caractères sélectionnés.

Enfin, à l'aide des cinq boutons suivants 

vous pourrez insérer automatiquement certains codes, dont voici dans l'ordre la liste et la signification :

Code	**Résultat**
&P	Impression du numéro de page
&T	Impression du nombre total de pages
&J	Impression de la date en cours
&H	Impression de l'heure en cours
&N	Impression du nom du document

❑ **Remarque** :

- si vous les rentrez par vous-même, les lettres de code peuvent être saisies indifféremment en majuscule ou minuscule.

- Aucun espace n'est nécessaire entre les différents codes.

■ Validez la boîte de dialogue **En-tête**.

■ Validez ensuite la boîte **Mise en page** afin de retrouver l'aperçu avant impression.

Lancement de l'impression

■ Cliquez sur le bouton **Imprimer** depuis l'écran de l'aperçu avant impression ou, si vous êtes sur votre feuille de calcul, choisissez la commande **Fichier Imprimer**.

Excel ouvre alors, depuis l'écran de la feuille de calcul, une boîte de dialogue :

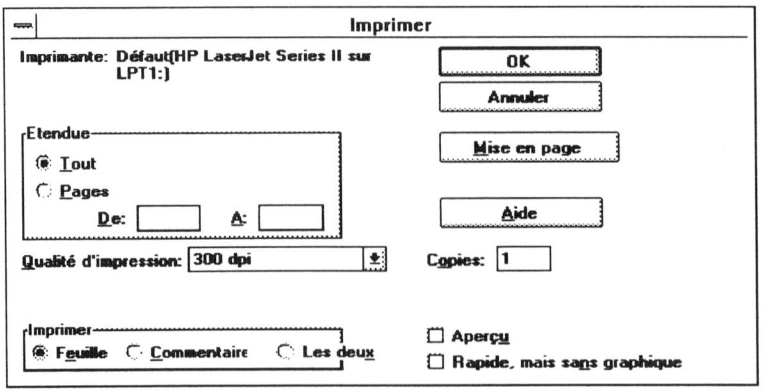

■ Si votre document comporte plusieurs pages, vous pouvez éventuellement activer, dans la zone **Etendue**, l'option **Pages De...A...** pour préciser les numéros des pages à imprimer (**Tout** est l'option par défaut).

- Précisez si besoin dans la zone **Copies** le nombre d'exemplaires que vous souhaitez obtenir (1 par défaut).
- Validez votre boîte par [↵].

☞ **TRES UTILE !**

Lorsque vous n'êtes pas en aperçu avant impression, vous pouvez lancer directement l'impression sans passer par cette boîte de dialogue, en cliquant dans la barre d'outils sur le bouton [🖨]

Une petite boîte d'information s'affiche alors, vous confirmant que l'impression est en cours :

STOPPER L'IMPRESSION

- Tant que la boîte d'information précédente est affichée, cliquez immédiatement sur le bouton **Annuler**, ou pressez [Echap] pour interrompre l'impression.

IMPRIMER UNE PARTIE D'UN DOCUMENT

- Sélectionnez, dans votre feuille de calcul, la plage de cellules que vous souhaitez imprimer.

■ Choisissez **Options** **Zone d'impression**.

Excel nomme alors la zone sélectionnée sous le nom **Zone_d_impression**, que vous pouvez consulter dans **Définir un nom** du menu **Sélection**.

■ Choisissez ensuite **Imprimer** du menu **Fichier**.

Pour annuler la zone d'impression :

■ Sélectionnez toute votre feuille de calcul, en cliquant sur **le bouton de sélection**, à l'intersection des numéros de ligne et des lettres de colonnes :

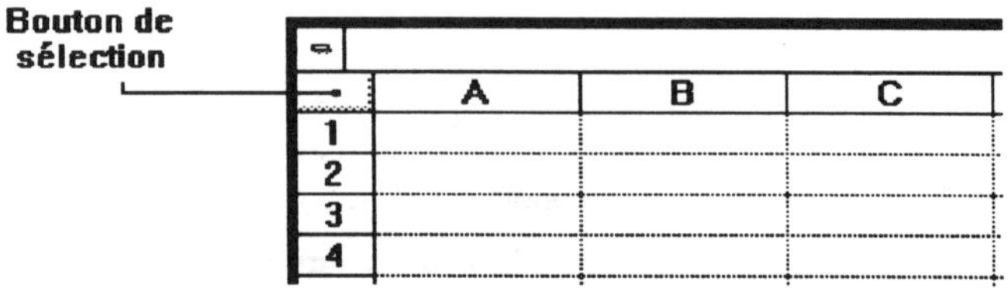

■ Choisissez ensuite la commande **Options** **Supprimer la zone d'impression**.

CHAPITRE 4

GESTION DES CELLULES

Protection d'un tableau

L'utilisation fréquente du tableau précédent, pour analyser différentes hypothèses de prix de vente et de quantités vendues, implique de protéger les cellules contenant des libellés ou des formules contre toute réécriture accidentelle.

Par défaut, toutes les cellules d'une feuille sont protégées, mais cette protection ne devient active que lorsque vous demandez **la protection du document lui-même** :

- Au besoin, ouvrez la feuille de calcul **BRICO.XLS** si vous l'aviez fermée.
- Choisissez la commande **Protéger le document** du menu **Options**.

Une boîte de dialogue vous propose d'entrer un mot de passe pour protéger votre feuille :

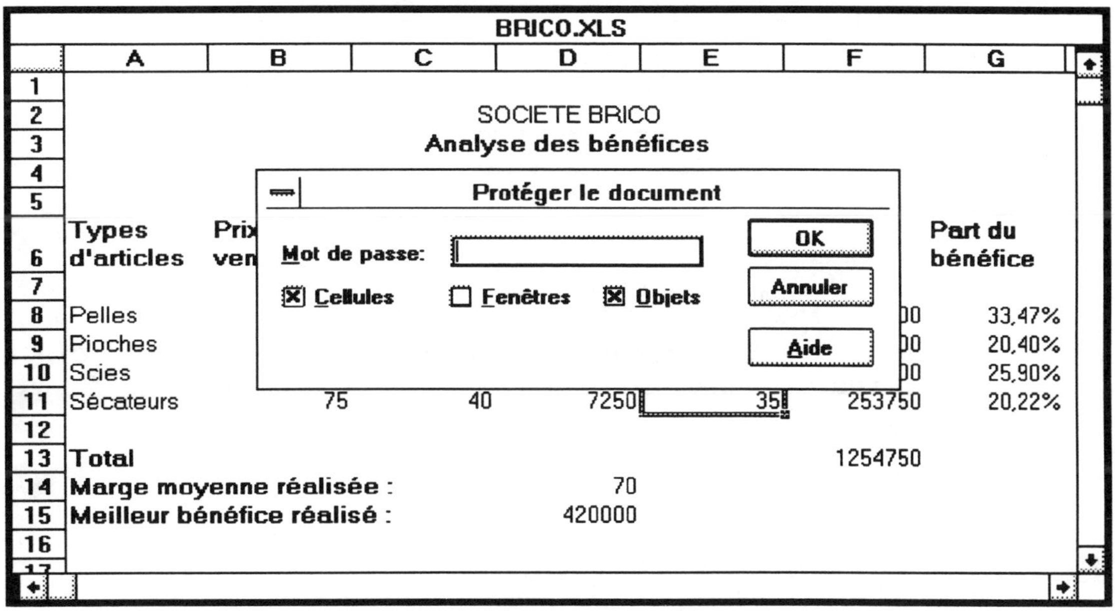

- Tapez par exemple **"SECRET"** puis validez par [↵].

- Retapez "**SECRET**" dans la 2ème boîte de dialogue pour confirmer votre mot de passe et validez.

❖ **ATTENTION !**

- **Excel** fait la distinction entre les majuscules et les minuscules. Si vous combinez ces deux types de caractères, retapez-les exactement de la même manière.

- N'oubliez pas votre code. Vous ne pourriez plus ensuite déprotéger le document.

Toutes les cellules de votre feuille sont maintenant protégées contre l'écriture.

- Essayez maintenant de modifier le contenu d'une quelconque de ces cellules. **Excel** affiche alors immédiatement :

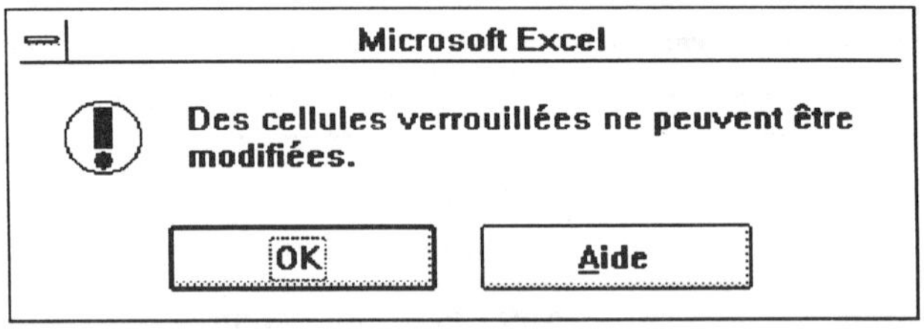

- Validez cet avertissement par ↵ ou cliquez sur **OK**.

- Pour la suite de l'exercice, déprotégez votre feuille par **Options** **Oter la protection**, en retapant à nouveau votre code dans la boîte de dialogue.

Sélection de cellules spécifiques

Puisque seules les cellules contenant des valeurs numériques sont susceptibles d'être modifiées dans ce tableau, vous allez, avant de réactiver la protection du document, déprotéger ces cellules.

Pour sélectionner automatiquement les cellules de la feuille contenant des valeurs numériques :

- Choisissez la commande **Sélection Cellules**.
- Précisez ensuite, dans la boîte de dialogue, le type de cellules à sélectionner en activant l'option **Constantes**, puis en désactivant la case à cocher **Texte** afin d'exclure les libellés de la sélection :

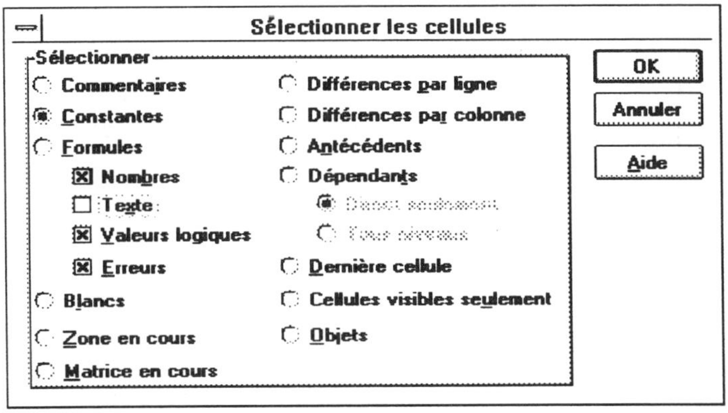

- En validant la boîte par [↵], vous obtenez :

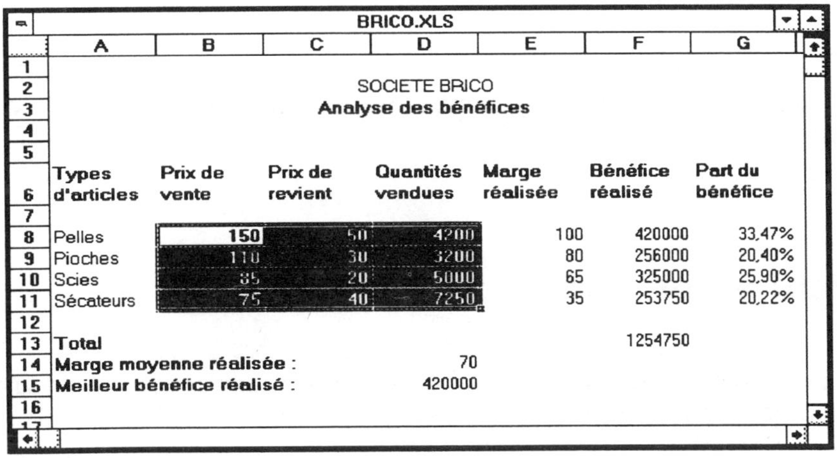

BRICO.XLS

	A	B	C	D	E	F	G
1							
2				SOCIETE BRICO			
3				**Analyse des bénéfices**			
4							
5							
6	**Types d'articles**	**Prix de vente**	**Prix de revient**	**Quantités vendues**	**Marge réalisée**	**Bénéfice réalisé**	**Part du bénéfice**
7							
8	Pelles	150	50	4200	100	420000	33,47%
9	Pioches	110	30	3200	80	256000	20,40%
10	Scies	85	20	5000	65	325000	25,90%
11	Sécateurs	75	40	7250	35	253750	20,22%
12							
13	**Total**					1254750	
14	**Marge moyenne réalisée :**			70			
15	**Meilleur bénéfice réalisé :**			420000			
16							

Pour déprotéger maintenant les cellules de la sélection :

- Choisissez **Format Protection des cellules** et désactivez la case **Verrouillage** de la boîte de dialogue :

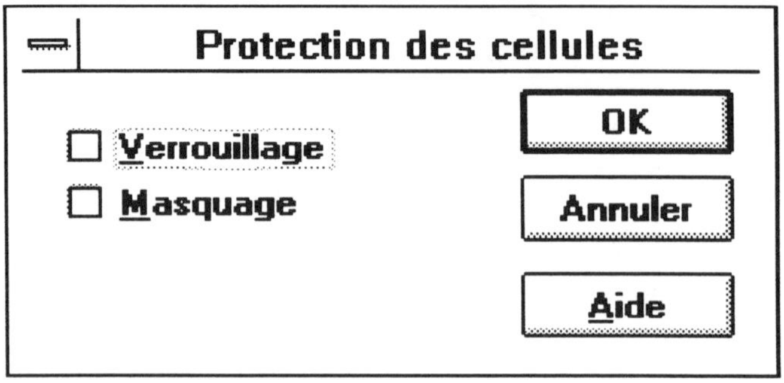

- Validez par ↵.

- Activez ensuite la protection de votre feuille par **Options Protéger le document**, en précisant accessoirement un mot de passe avant de valider.

Votre déprotection est maintenant "effective".

Toutes les cellules de la feuille sont protégées, à l'exception des cellules de la plage B8:D11, que vous pouvez modifier.

- Pour réaliser les exercices suivants, déprotégez de nouveau le document par **Options Oter la protection**.

Recalcul automatique ou manuel

Lorsque vous saisissez un nombre, **Excel** modifie automatiquement toutes les cellules du tableau qui pourraient être affectées.

GESTION DES CELLULES : Recalcul automatique ou manuel

Le temps d'attente pour le recalcul est négligeable si le tableau est petit. Mais dans le cas de tableaux plus complexes, il peut durer plusieurs secondes.

Pour éviter le recalcul automatique après chaque saisie, on peut le désactiver :

- Choisissez la commande **Mode de calcul** du menu **Options**.
- Dans la zone **Mode de calcul**, activez l'option **Sur ordre** :

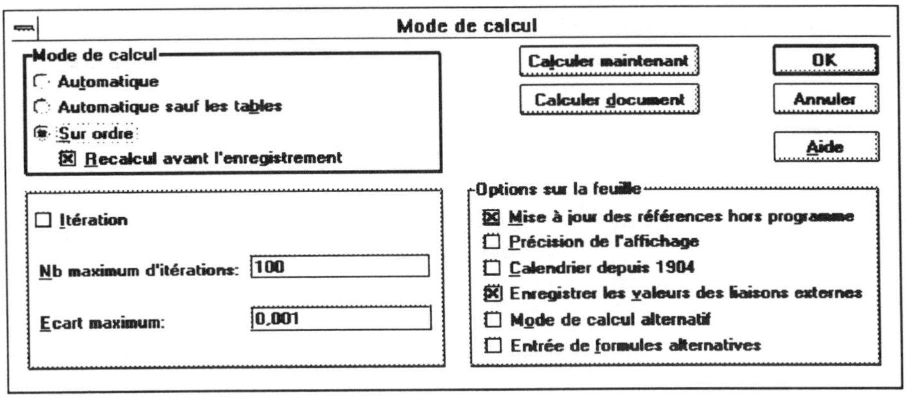

- Validez la boîte par [↵].
- Changez maintenant le prix de vente d'un article. Vous remarquez que le résultat des calculs n'est pas modifié.

Pour forcer le recalcul :

- ◆ Choisissez la commande **Mode de calcul** du menu **Options**, et cliquez sur le bouton **Calculer maintenant**.

  ou

- ◆ Pressez directement la touche [F9].

Pour le rendre automatique de nouveau :

- Réouvrez la boîte de dialogue de **Options Mode de calcul**.
- Activez l'option **Automatique** de la zone **Mode de calcul** et validez par [↵].

Nommer une plage

Plutôt que de faire référence, dans une formule, à l'adresse d'une cellule ou d'une plage de cellules, **Excel** vous permet d'utiliser un **nom** pour désigner ces cellules.

Vous avez par exemple calculé, en **D14**, la moyenne des marges réalisées, à l'aide de la formule :

=moyenne(E8:E11)

Il serait beaucoup plus facile de construire et de comprendre la signification de cette formule sous la forme :

=moyenne(marge)

Pour cela, il suffit de :

- **Nommer** la plage **E8:E11** sous le nom de **Marge**
- **Réécrire** ensuite la formule.

- Sélectionnez la plage **E8:E11** et appelez la commande **Sélection Définir un nom**.

Dans la boîte de dialogue, indiquez alors dans la zone de texte **Nom** le nom à donner à cette plage de cellules :

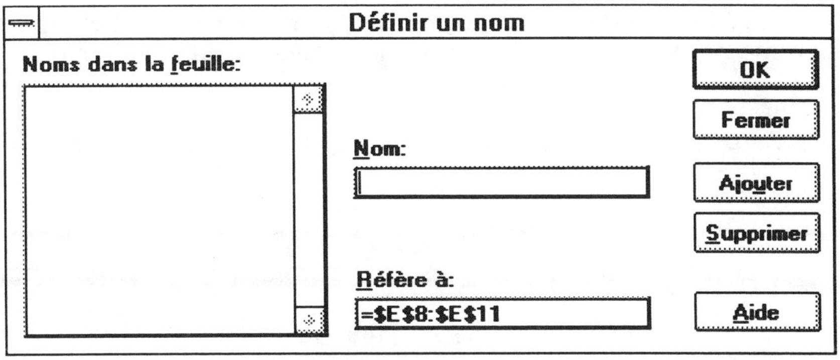

■ Tapez "**marge**", et cliquez sur **OK** ou pressez ↵ au clavier.

❑ **Remarque :**

Un nom de plage se compose de 255 caractères alphanumériques maximum, et ne doit comporter ni opérateur ni espace.

Pour construire des noms composés, utilisez le caractère de soulignement comme caractère séparateur.

■ Placez vous en **D14**, entrez la formule "**=moyenne(marge)**" et validez.

Vous obtenez le même résultat, mais cette fois-ci à l'aide d'une formule beaucoup plus claire.

Nommer lignes et colonnes

Vous pouvez aussi automatiquement créer des noms de plage pour toutes les lignes et colonnes d'un tableau :

■ Sélectionnez le tableau, c'est-à-dire la plage **A6:G13**.

■ Choisissez dans le menu **Sélection**, la commande **Nommer lignes et colonnes**.

Afin qu'**Excel** utilise les libellés de la **Ligne du haut** et de la **Colonne de gauche** du tableau comme noms de plage pour les autres cellules de la sélection :

- Activez ces deux cases dans la boîte de dialogue, puis validez par [↵] :

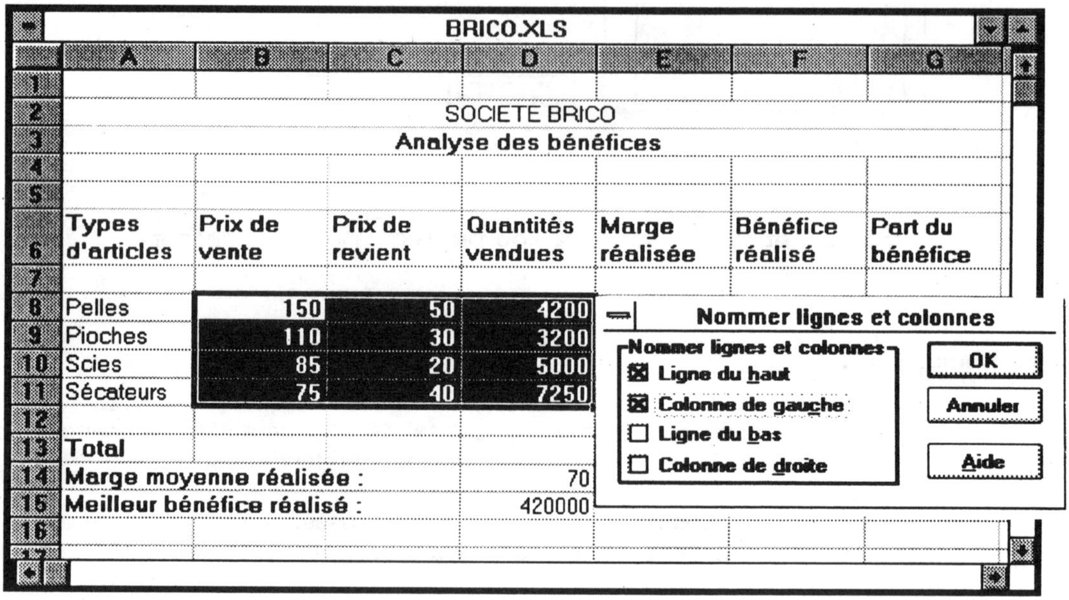

Atteindre une plage nommée

Pour visualiser les différentes plages qui viennent d'être nommées :

- Choisissez **Sélection Atteindre**.

  Une boîte de dialogue vous liste alors tous les noms de plages créés par la commande **Nommer lignes et colonnes**.

- Cliquez dans la barre de défilement de la zone de liste **Atteindre** pour visualiser la suite de la liste :

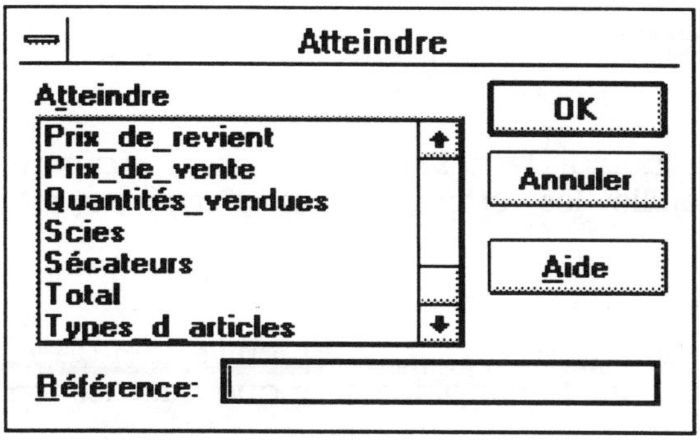

- Pour atteindre par exemple la plage correspondant au nom **Total**, cliquez sur ce nom et validez la boîte.

Vous obtenez :

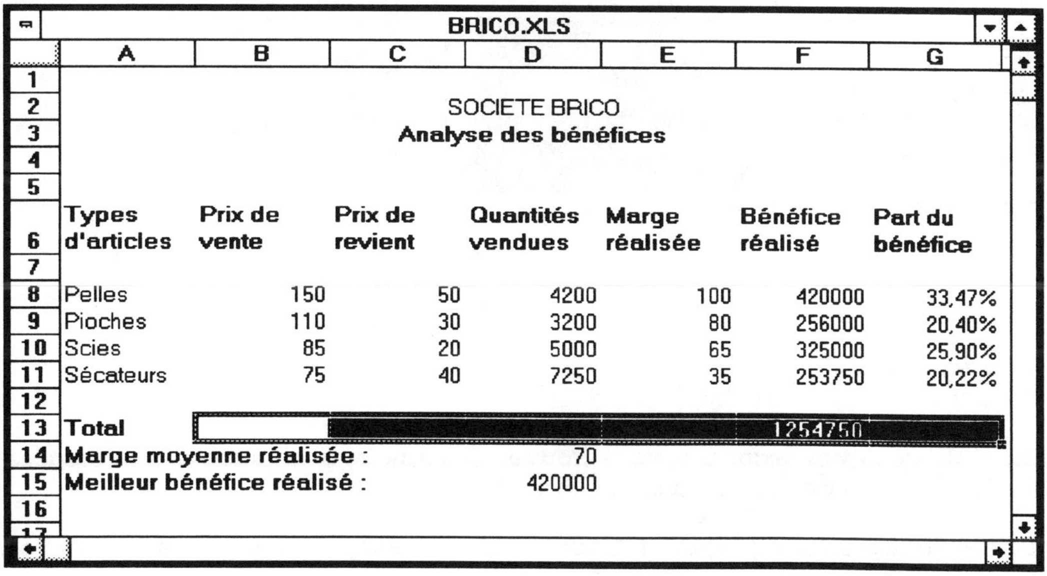

	A	B	C	D	E	F	G
1							
2				SOCIETE BRICO			
3				**Analyse des bénéfices**			
4							
5							
6	**Types d'articles**	**Prix de vente**	**Prix de revient**	**Quantités vendues**	**Marge réalisée**	**Bénéfice réalisé**	**Part du bénéfice**
7							
8	Pelles	150	50	4200	100	420000	33,47%
9	Pioches	110	30	3200	80	256000	20,40%
10	Scies	85	20	5000	65	325000	25,90%
11	Sécateurs	75	40	7250	35	253750	20,22%
12							
13	**Total**					1254750	
14	**Marge moyenne réalisée :**			70			
15	**Meilleur bénéfice réalisé :**			420000			
16							

Excel a utilisé, en ligne **13**, le libellé de la colonne de gauche du tableau, ici **Total**, pour nommer le reste des cellules de la ligne **13**.

Attribuer un nom

Vous allez maintenant demander à **Excel** de remplacer automatiquement, dans toutes les formules de la feuille, les références des plages de cellules par leur nom s'ils existent.

- Cliquez sur une cellule quelconque de la feuille afin de supprimer toute sélection. Sinon, **Excel** n'effectuera de remplacement que dans les formules de la sélection.

- Choisissez **Sélection Attribuer un nom**.

  Dans la boîte qui s'ouvre alors, remarquez que tous les noms à attribuer sont déjà sélectionnés :

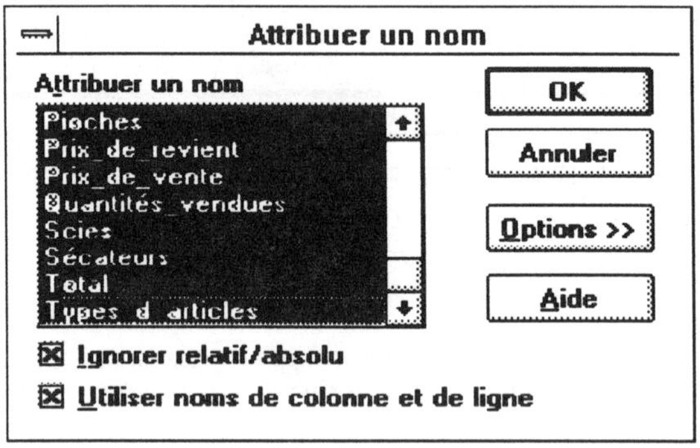

- Validez par ↵.

Au bout de quelques secondes, vous trouvez désormais, à la place des références de cellules, des noms de plage dans vos formules :

- Placez-vous par exemple en **E8**, contenant la **marge réalisée** sur les **Pelles**.

L'ancienne formule **=B8-C8** est maintenant devenue :

E8		=Prix_de_vente-Prix_de_revient

GESTION DES CELLULES : Attribuer un nom

■ De même placez-vous en **G8**, contenant la **Part du bénéfice** des **Pelles**.

La formule **=F8/$F$13** s'est modifiée en :

G8		=Bénéfice_réalisé/Total Bénéfice_réalisé

❑ **Remarque :**

Puisque le nom **Total** désigne en réalité la plage de cellules **B13:G13**, c'est-à-dire toute la ligne du tableau, **Excel** a fait appel en **E8** à l'intersection de deux plages de cellules, **Bénéfice_réalisé** et **Total**, pour faire exactement référence à la cellule **$F$13**.

C'est l'espace, séparant dans la formule **Total** de **Bénéfice_réalisé**, qui symbolise cette intersection.

Vous retrouverez l'application du même principe en **D15**, pour désigner exactement la plage de cellules **F8:F11**, puisque le nom **Bénéfice_réalisé** désigne en réalité la plage **F7:F13**.

■ Fermez la feuille de calcul **BRICO.XLS**, en choisissant **Fichier Fermer**.

■ Si vous désirez conserver les différents noms de plages de votre feuille, ainsi que leur attribution dans les formules, répondez **Oui** à la demande de sauvegarde :

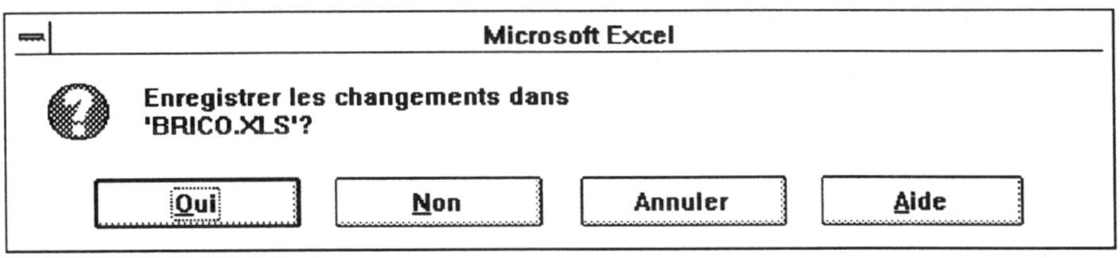

CHAPITRE 5

LIAISON ENTRE FEUILLES DE CALCUL

Ouvrir plusieurs feuilles de calcul

Le directeur de la société **Brico** reçoit périodiquement sur disquettes les résultats de la production de ses deux usines.

Il souhaite en faire la somme dans un tableau récapitulatif.

Vous allez donc créer un tableau pour chaque usine et un tableau récapitulatif, que vous appellerez respectivement **USINE1**, **USINE2** et **SYNTHESE**.

Ces trois tableaux possèderont tous la même structure :

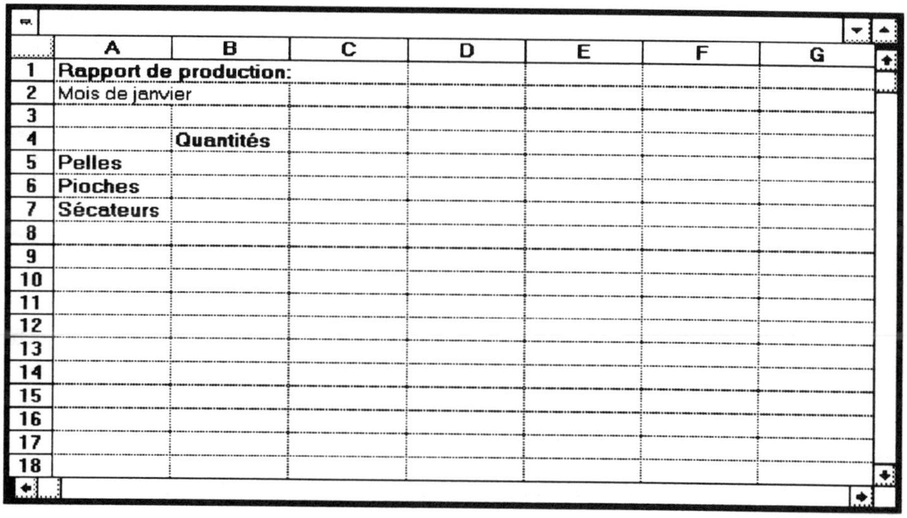

	A	B	C	D	E	F	G
1	**Rapport de production:**						
2	Mois de janvier						
3							
4		**Quantités**					
5	**Pelles**						
6	**Pioches**						
7	**Sécateurs**						
8							
9							
10							
11							
12							
13							
14							
15							
16							
17							
18							

- Ouvrez une nouvelle feuille de calcul en cliquant dans la barre d'outils sur le bouton

- Répétez cette action de manière à disposer au total de 3 feuilles vierges.

  Excel superpose à l'écran ces différentes feuilles en les décalant légèrement.

- Afin de répartir chacune des feuilles sur une portion de l'écran, choisissez **Ecran Réorganiser**, et validez l'option **Mosaique** dans la boîte de dialogue.

Vous obtenez :

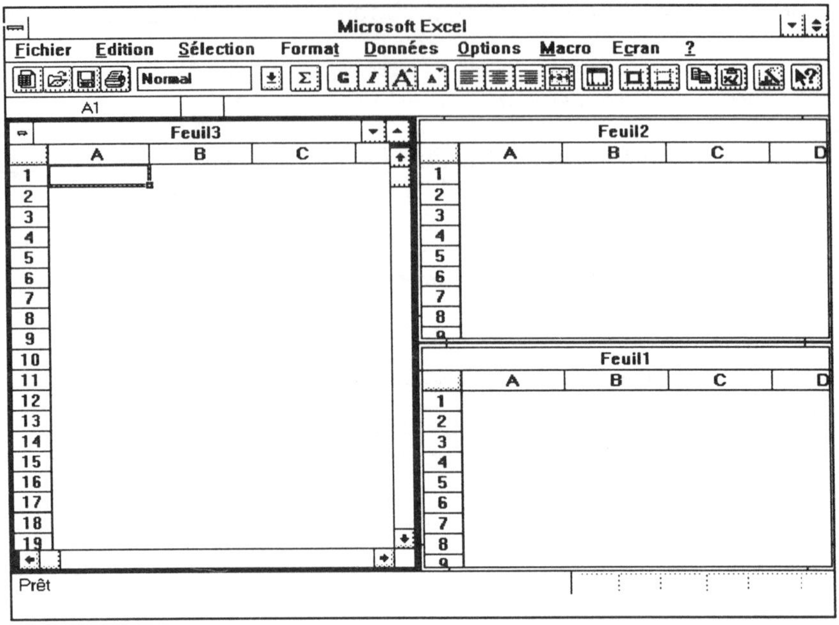

Parmi les feuilles ouvertes, l'une comporte une case système et un bouton d'agrandissement dans sa barre de titre (ici la feuille 3), ainsi que des barres de défilement.

C'est **la feuille active** dans votre environnement de travail.
Toute commande ou saisie que vous effectuerez s'appliquera donc à cette feuille.

Pour rendre active une autre feuille, il suffit de cliquer à un endroit quelconque de cette feuille.

- Activez la feuille en bas à droite de votre écran (ici **Feuil1**) et enregistrez-la sous le nom **USINE1** en utilisant la commande **Fichier Enregistrer sous** ou en cliquant, dans la barre d'outils, sur le bouton 

- Faites de même pour les feuilles du dessus (ici **Feuil2**) et celle de droite (ici **Feuil3**), en les nommant respectivement **USINE2** et **SYNTHESE**.

Créer un groupe de travail

Plutôt que de saisir le tableau de la page précédente dans chacune des feuilles ouvertes, vous allez constituer **un groupe de travail**.

De cette manière, toute saisie ou modification que vous ferez dans la feuille active, se répercutera automatiquement dans toutes les autres feuilles du groupe.

- Assurez-vous que la feuille **SYNTHESE.XLS** est bien active et choisissez **Options Groupe de travail** :

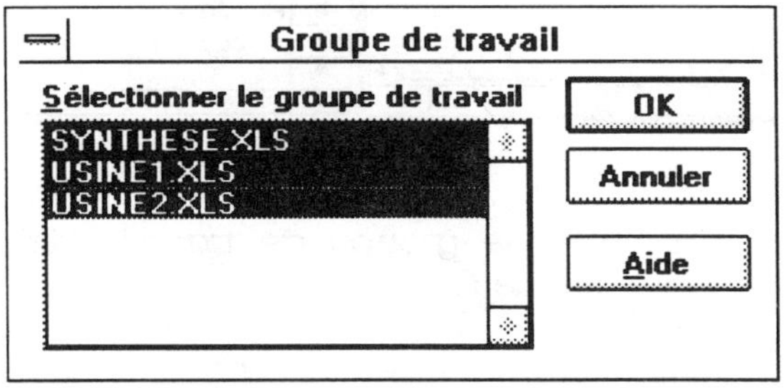

- Vérifiez que les 3 feuilles sont sélectionnées dans la boîte de dialogue et validez par [↵].

❑ **Remarque :**

Pour sélectionner plusieurs éléments dans une zone de liste, vous devez maintenir enfoncée la touche [Ctrl] avant de cliquer sur l'élément suivant à sélectionner.

Dans chaque barre de titre des feuilles du groupe, le nom de la feuille est maintenant suivi de [Groupe de travail].

- Saisissez et mettez en forme, dans les cellules de la feuille **SYNTHESE.XLS**, les libellés du tableau suivant.

A mesure de votre saisie, ceux-ci se répercuteront automatiquement dans les deux autres feuilles du groupe :

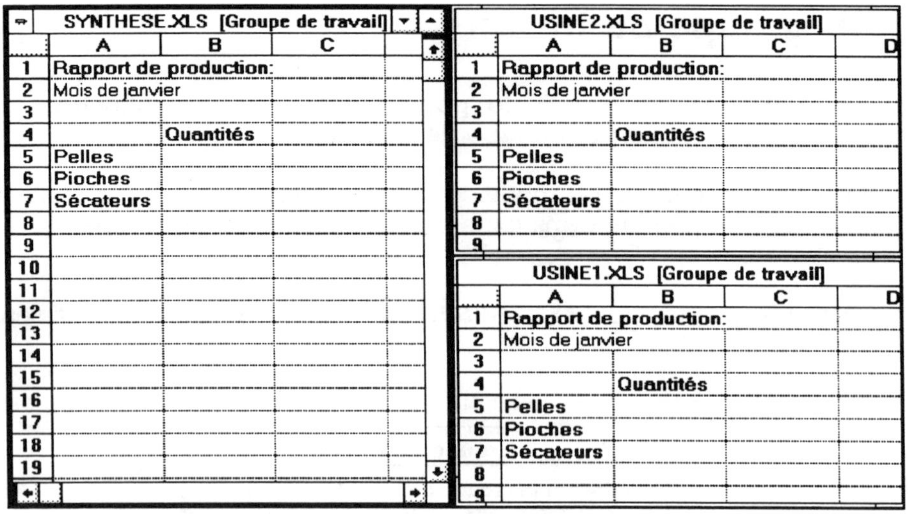

SYNTHESE.XLS [Groupe de travail]

	A	B	C
1	**Rapport de production:**		
2	Mois de janvier		
3			
4		**Quantités**	
5	**Pelles**		
6	**Pioches**		
7	**Sécateurs**		
8			
9			
10			
11			
12			
13			
14			
15			
16			
17			
18			
19			

USINE2.XLS [Groupe de travail]

	A	B	C	D
1	**Rapport de production:**			
2	Mois de janvier			
3				
4		**Quantités**		
5	**Pelles**			
6	**Pioches**			
7	**Sécateurs**			
8				
9				

USINE1.XLS [Groupe de travail]

	A	B	C	D
1	**Rapport de production:**			
2	Mois de janvier			
3				
4		**Quantités**		
5	**Pelles**			
6	**Pioches**			
7	**Sécateurs**			
8				
9				

Vous allez maintenant supprimer le groupe de travail, afin de saisir les données particulières propres à chaque feuille :

- Cliquez simplement sur l'une des feuilles non actives, **USINE1.XLS** ou **USINE2.XLS**. La mention **[Groupe de travail]** disparaît dans les barres de titre.
- Saisissez ensuite dans les cellules **C1** de chaque feuille les libellés du tableau suivant, et pour les deux usines, rentrez les différentes quantités produites dans les plages **B5:B7** :

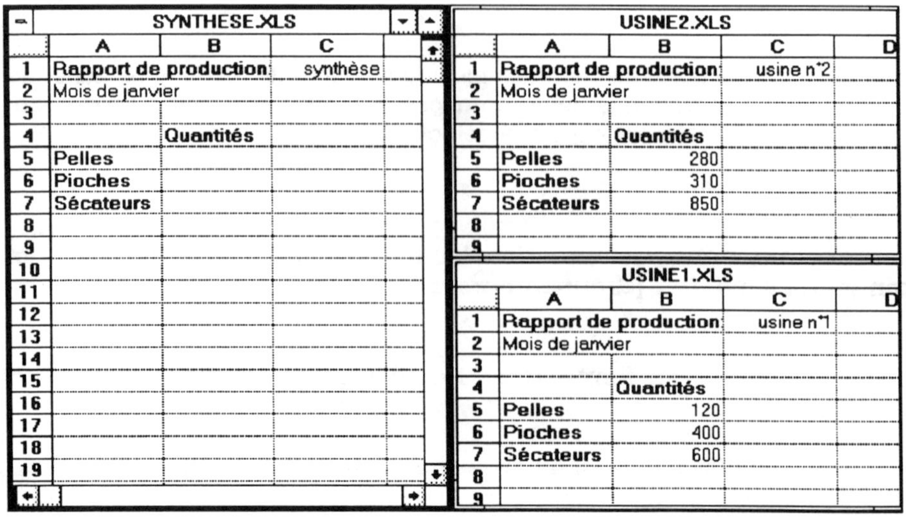

SYNTHESE.XLS

	A	B	C
1	**Rapport de production:**		synthèse
2	Mois de janvier		
3			
4		**Quantités**	
5	**Pelles**		
6	**Pioches**		
7	**Sécateurs**		
8			
9			
10			
11			
12			
13			
14			
15			
16			
17			
18			
19			

USINE2.XLS

	A	B	C	D
1	**Rapport de production:**		usine n°2	
2	Mois de janvier			
3				
4		**Quantités**		
5	**Pelles**	280		
6	**Pioches**	310		
7	**Sécateurs**	850		
8				
9				

USINE1.XLS

	A	B	C	D
1	**Rapport de production:**		usine n°1	
2	Mois de janvier			
3				
4		**Quantités**		
5	**Pelles**	120		
6	**Pioches**	400		
7	**Sécateurs**	600		
8				
9				

La consolidation

Vous allez maintenant **consolider** les différentes quantités produites par les deux usines, dans la plage **B5:B7** de la feuille **SYNTHESE.XLS**.

Pour réaliser cette somme, vous pourriez très bien copier les quantités de la première usine dans la feuille **SYNTHESE.XLS** (par **Copier** et **Coller**), puis faire de même avec la seconde usine, en demandant alors à **Excel** d'effectuer un **collage spécial**.

Toutefois, dans ce cas, votre opération de consolidation ne serait pas **dynamique**, c'est-à-dire que le résultat de votre somme, une fois calculé, ne changerait pas si les différentes quantités produites se trouvaient modifiées.

Vous allez donc utiliser une autre commande, permettant de créer une véritable **liaison** entre les cellules de ces trois feuilles :

- Sélectionnez, dans la feuille **SYNTHESE.XLS**, la plage **B5:B7**, plage devant recevoir la somme des différentes quantités.
- Choisissez **Données Consolider**. **Excel** ouvre alors une boîte déplaçable.
- Cliquez dans la barre de titre de la boîte sur **Consolider**, et sans relâcher le bouton de votre souris, déplacez cette boîte vers le haut de manière à bien visualiser la feuille **USINE1.XLS** :

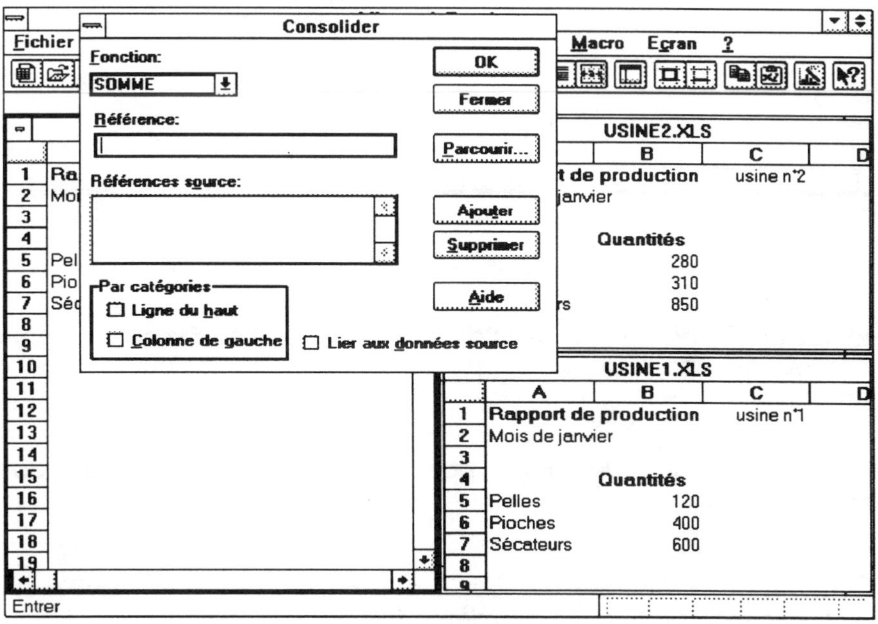

La fonction **SOMME** est sélectionnée dans la zone **Fonction**, et la zone **Référence,** zone active de la boîte, attend les références de la première plage à sommer :

- Cliquez à un endroit quelconque de **USINE1.XLS** pour l'activer, et sélectionnez ensuite la plage **B5:B7**.

La plage sélectionnée clignote et la zone **Référence** indique alors :

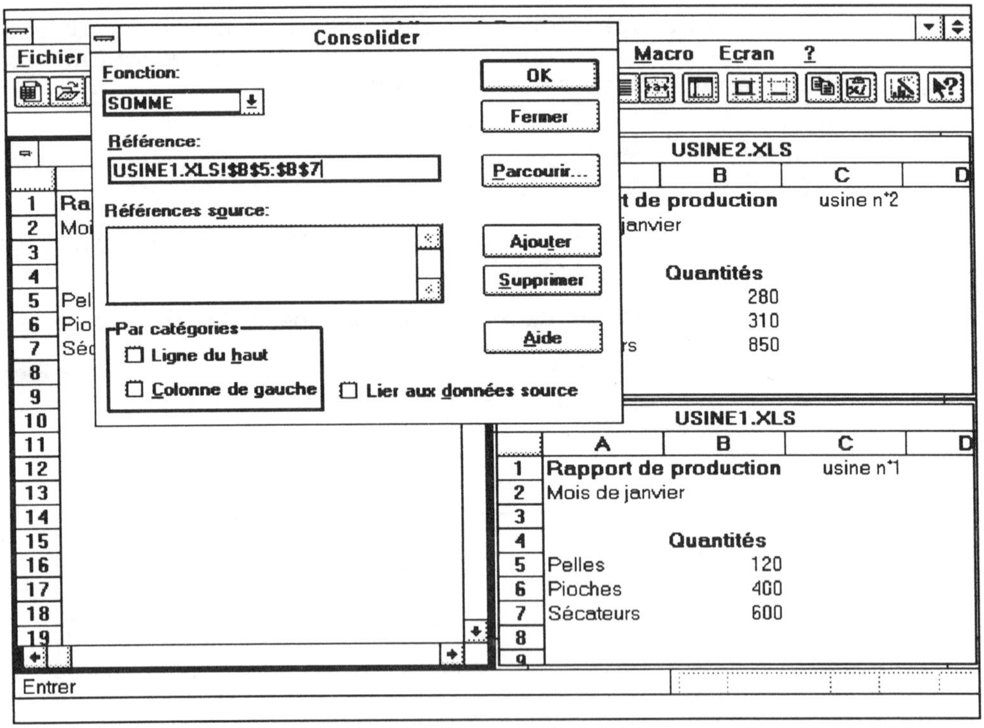

Pour identifier la plage de cellules de cette feuille, **Excel** a simplement fait précéder les références de la plage par le nom de la feuille, suivi d'un point d'exclamation.

- Cliquez sur le bouton **Ajouter** pour enregistrer cette référence dans la zone **Références sources**.

- Sélectionnez maintenant, dans la feuille **USINE2.XLS** la plage **B5:B7**, et cliquez sur **Ajouter** pour enregistrer cette deuxième référence.

■ Activez la case à cocher **Lier aux données sources** afin que votre consolidation soit **dynamique**, et validez votre boîte de dialogue.

Vous obtenez la somme des différentes quantités produites pour chaque article dans la feuille **SYNTHESE.XLS** :

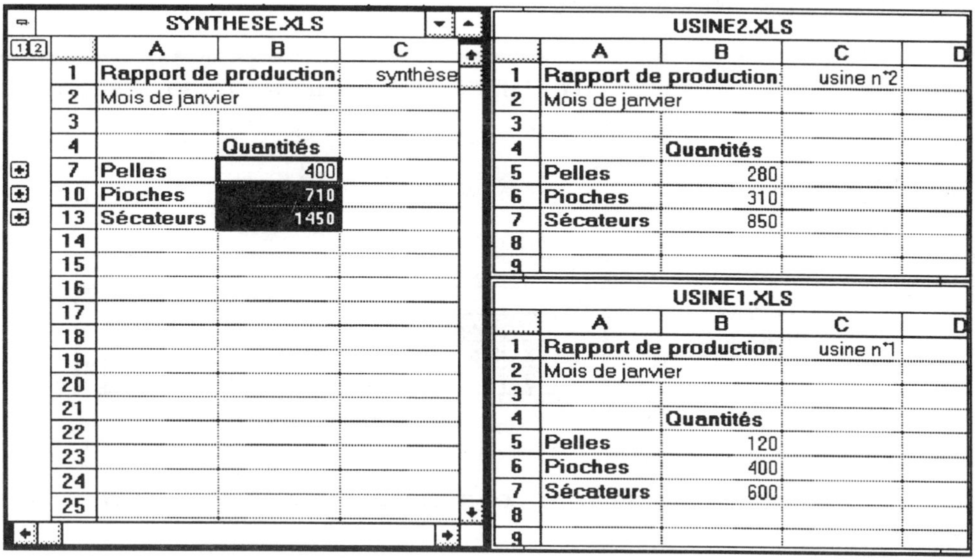

Remarquez que les lignes **5, 6, 8, 9, 11** et **12** de cette feuille sont complètement masquées.

Elles contiennent, en réalité, les quantités produites de chaque article, récupérées depuis les feuilles **USINE1.XLS** et **USINE2.XLS**.

Mais, afin de n'afficher que la somme de ces quantités, **Excel** a automatiquement créé **un plan** dans votre feuille **SYNTHESE.XLS**.

Utiliser le mode PLAN

Le mode plan permet d'occulter, dans une feuille de calcul, des lignes ou colonnes qu'on appelle **lignes ou colonnes de détail**, afin de n'afficher que les **lignes ou colonnes de synthèse**, c'est-à-dire les lignes ou colonnes contenant les résultats d'un calcul.

Ce mode d'affichage est très pratique quand vous utilisez de gros tableaux : il vous permet de masquer temporairement certaines lignes ou colonnes pour ne visualiser que celles qui vous intéressent.

DEVELOPPER LES NIVEAUX D'UN PLAN

Afin d'afficher, dans la feuille **SYNTHESE.XLS**, les lignes masquées contenant les différentes quantités :

- Cliquez sur **le bouton de niveau 2** de votre feuille :

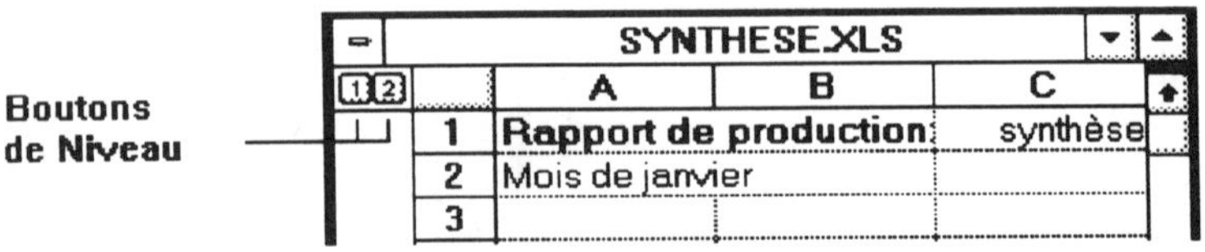

Vous développez ainsi toutes les lignes appartenant au niveau inférieur du plan :

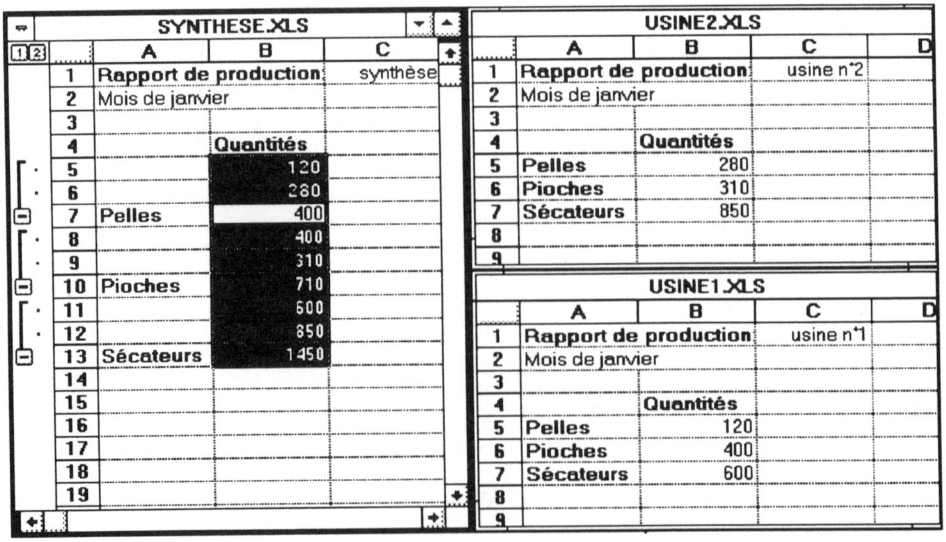

Chacune des quantités affichées est liée à la cellule correspondante dans la feuille **USINE1.XLS** ou **USINE2.XLS** par une formule :

- Cliquez par exemple sur la cellule **B5** de la feuille **SYNTHESE.XLS**, contenant actuellement la valeur **120**.

La barre de formule affiche :

B5		=USINE1.XLS!$B$5

Pour faire référence aux **Quantités** de **Pelles** fabriquées par l'usine n°1, c'est-à-dire à la cellule **B5** de la feuille **USINE1.XLS**, **Excel** a simplement fait précéder l'adresse de cette cellule, du nom de la feuille suivi d'un point d'exclamation.

De cette manière, si vous changez cette quantité dans la feuille **USINE1.XLS**, cette modification se répercutera immédiatement dans la cellule **B5** de **SYNTHESE.XLS**.

REDUIRE LES NIVEAUX D'UN PLAN

- Cliquez sur le bouton de niveau **1** de la feuille **SYNTHESE.XLS** pour n'afficher de nouveau que la somme des quantités pour chaque article :

  Vous obtenez :

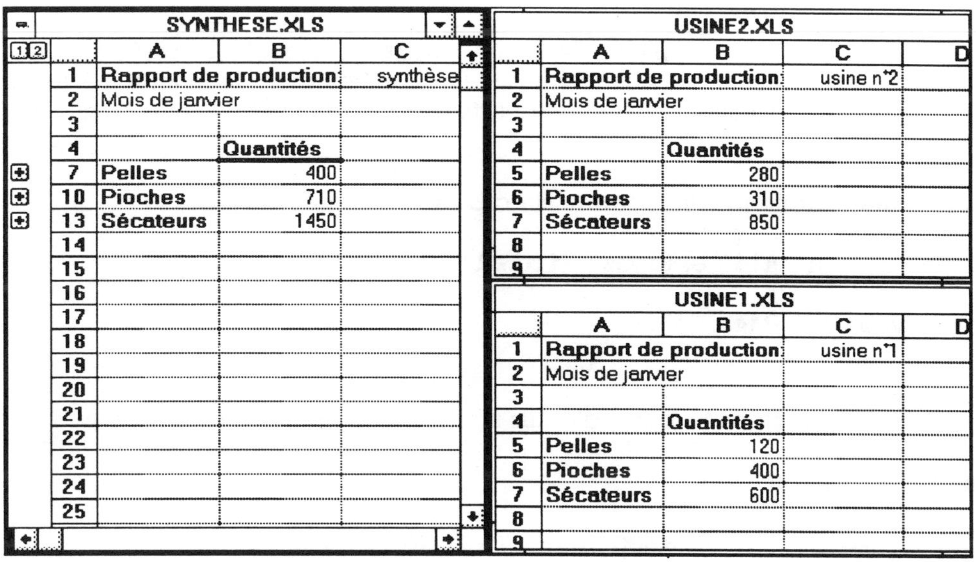

Vous allez maintenant faire la somme de ces trois valeurs sur la ligne **14**.

Toutefois, pour réaliser cette opération et les étapes suivantes de ce chapitre, vous allez afficher la barre d'outils **Utilitaire** :

- Amenez le pointeur de la souris sur un endroit quelconque de la barre d'outils standard.
- Appuyez **sur le bouton droit** de la souris et sélectionnez la commande **Utilitaire** :

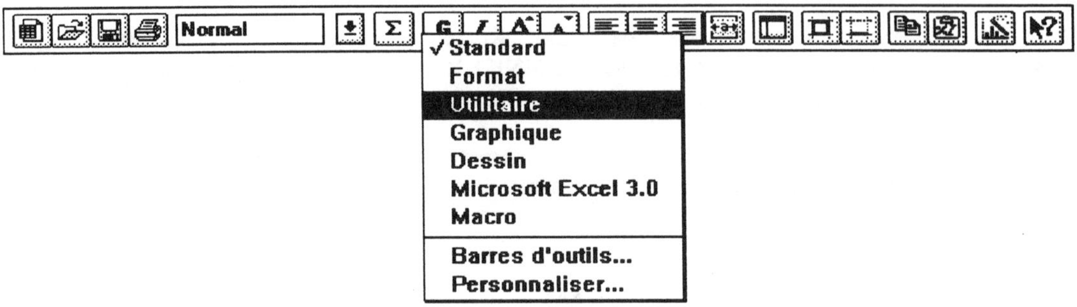

La nouvelle barre d'outils s'insère sous la précédente.

❑ **Remarque :**

Si elle apparaît dans une fenêtre superposée à vos feuilles de calcul, amenez le pointeur sur le titre **Utilitaire** de la fenêtre, cliquez et, sans relâcher, faîtes glisser la fenêtre vers le haut de votre écran.

Pour effectuer maintenant la somme de ces trois quantités :

- Placez-vous en **A14** et tapez "**Total**".
- Placez-vous en **B14**

◆ Cliquez **une fois** dans la barre d'outils standard sur le bouton **Somme** [Σ]

ou

◆ Tapez "**=somme(**" et sélectionnez la plage **B7:B13**.

Si vous validez votre formule maintenant, votre résultat sera faux puisque vous sommerez, en plus des trois cellules, les différentes quantités masquées dans les lignes 8, 9, 11 et 12 de votre feuille.

SELECTION DES CELLULES VISIBLES SEULEMENT

Vous devez donc demander à **Excel** d'exclure de votre sélection les lignes cachées, autrement dit de ne sélectionner que les cellules actuellement visibles :

- Cliquez dans la barre Utilitaire, sur le bouton **Sélection des cellules visibles**

  La barre de formule n'affiche plus alors que les cellules à sommer :

B13	X ✓	=somme(B7;B10;B13)

- Validez votre formule par ↵ ou en cliquant de nouveau sur le bouton **Somme**.

CREER UN NIVEAU SUPPLEMENTAIRE

Vous allez ajouter un niveau supplémentaire à votre plan de manière à n'afficher, si vous le souhaitez, que le **Total** des **Quantités** produites.

Pour créer un niveau, il suffit simplement d'"**abaisser**" certaines lignes ou colonnes d'un tableau :

- Cliquez sur le bouton de niveau **2** pour afficher toutes les lignes de votre feuille.
- Sélectionnez la plage **B5:B13** contenant les différentes quantités et leur somme pour chaque article.
- Cliquez dans la barre d'outils Utilitaire sur le bouton ➔
- Validez ensuite par ↵ la boîte de dialogue vous demandant de confirmer que ce sont les lignes de la sélection (et non la colonne) que vous voulez abaisser.

Vous obtenez :

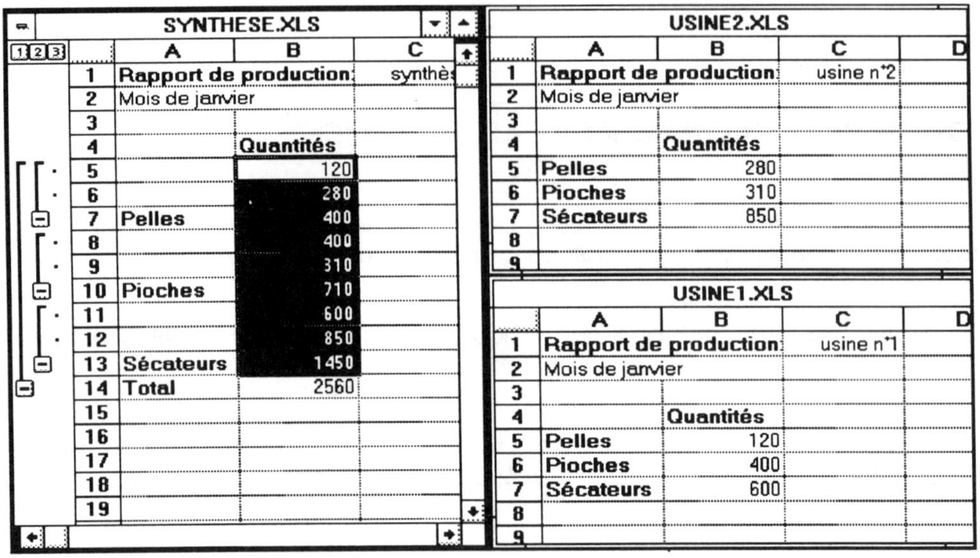

- Vous pouvez maintenant réduire votre tableau au niveau le plus élevé, en cliquant sur le bouton de niveau **1**, ce qui donne :

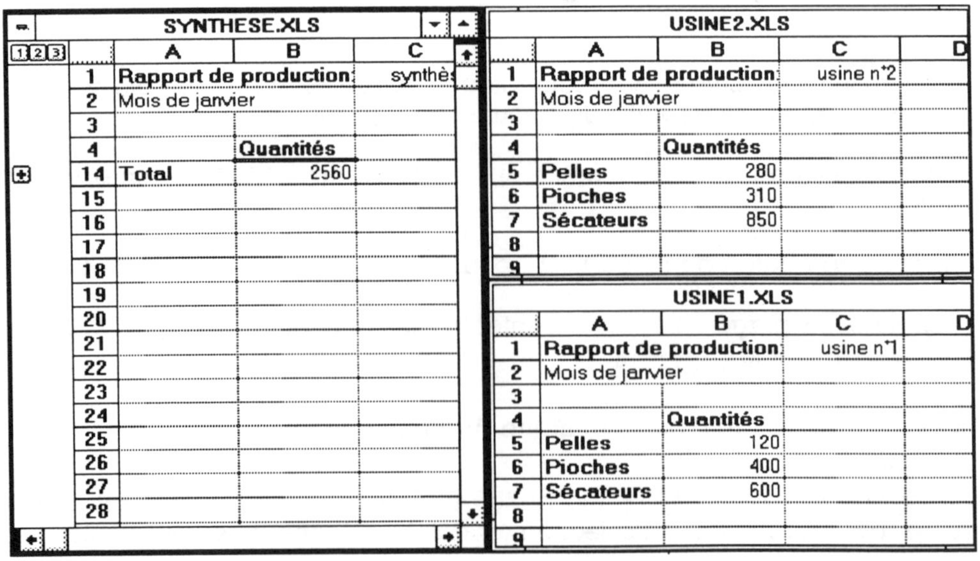

SUPPRIMER UN NIVEAU DU PLAN

Supprimer un niveau du plan consiste simplement à rehausser ce niveau à un niveau supérieur.

- Cliquez sur le bouton de niveau **3** afin d'afficher toutes les lignes de votre feuille.
- Assurez-vous que la plage **B5:B13** est toujours sélectionnée (faites la sélection dans le cas contraire).
- Cliquez dans la barre d'outils Utilitaire sur le bouton
- Validez ensuite par la boîte de dialogue pour hausser les différentes lignes de votre sélection.

Le niveau du plan que vous avez créé est maintenant supprimé, et vous retrouvez le plan initial.

- Cliquez de nouveau sur le bouton
et validez ensuite la boîte de dialogue.

Vous avez réhausser le dernier niveau de votre feuille. Celle-ci ne comporte donc plus aucun plan :

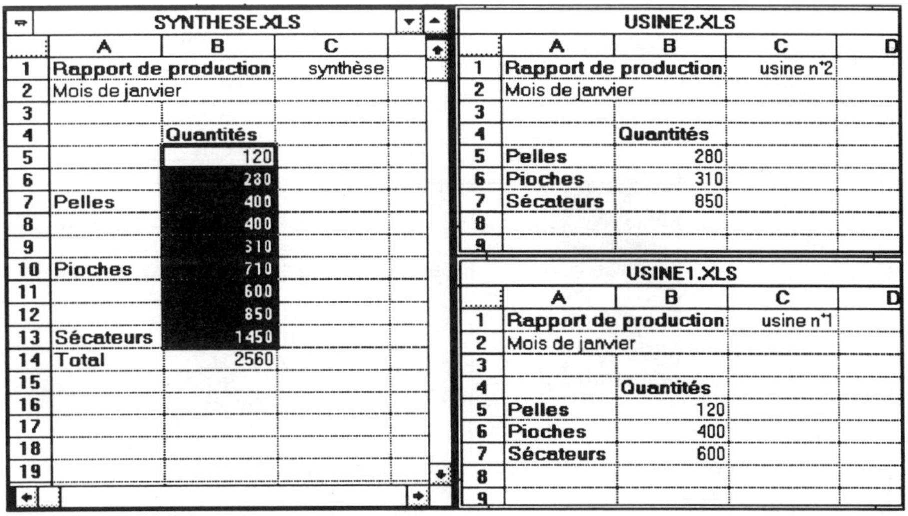

CREATION AUTOMATIQUE D'UN PLAN

- Sélectionnez la plage **B5:B14**.
- Choisissez dans le menu **Sélection** la commande **Plan**.

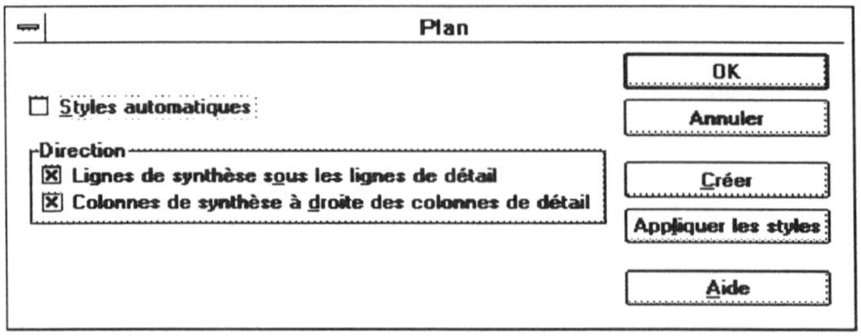

- Dans la zone **Direction** de la boîte de dialogue, assurez-vous que la case **Lignes de synthèse sous lignes de détail** est bien cochée .

  En effet, dans votre tableau, les cellules recevant la somme des différentes quantités sont toujours placées **sous** les cellules contenant ces quantités. Pour qu'**Excel** hiérarchise correctement votre sélection, vous devez donc lui confirmer **la position** des niveaux d'informations subalternes par rapport à ces **lignes de synthèse**.

- Cliquez sur le bouton **Créer**. **Excel** reconstitue automatiquement votre plan sur deux niveaux, à partir des 4 cellules contenant des formules de somme :

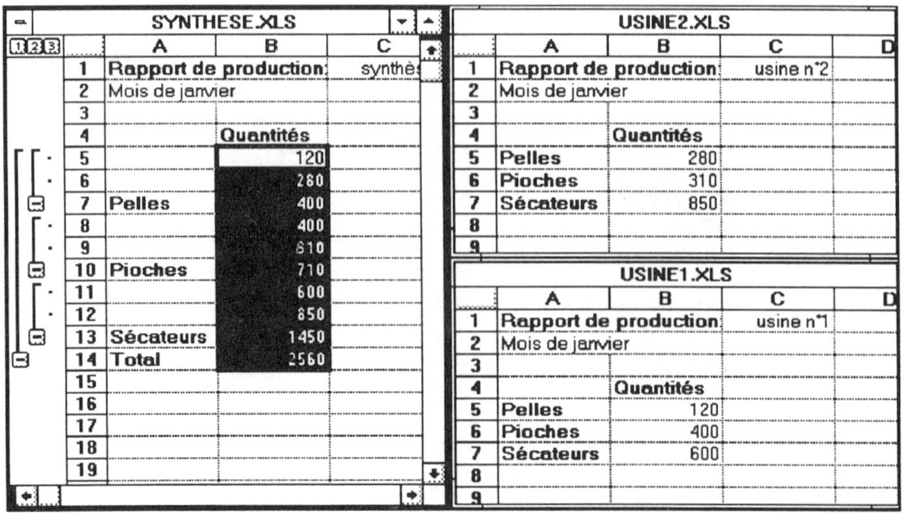

Enregistrer un classeur

Vous pourriez maintenant terminer l'étude de ce modèle, en sauvegardant et en fermant successivement les trois feuilles de calcul actuellement ouvertes dans votre environnement de travail.

Mais si vous êtes amené à travailler fréquemment sur ces trois feuilles en même temps, vous pouvez aussi demander à **Excel** de sauvegarder **cet environnement** lui-même, sous la forme d'un **classeur**.

Un **classeur** est un fichier à extension **.XLW**, qui contient les différentes feuilles ouvertes.

De cette manière, vous pourrez, en ouvrant simplement le classeur, ré-ouvrir en même temps ces trois feuilles, et passer très facilement de l'une à l'autre.

- Choisissez la commande **Fichier Enregistrer un classeur**.

  Excel crée une nouvelle fenêtre puis ouvre la boîte de dialogue de la commande **Fichier Enregistrer sous** :

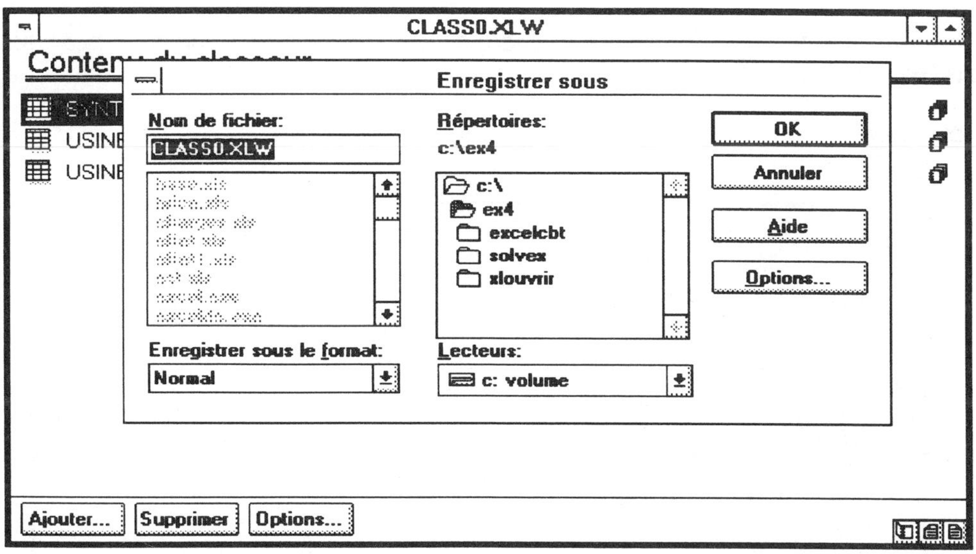

- Tapez "**LIAISON**" comme nom de fichier, et validez par ↵.

Vous voyez alors apparaître la fenêtre du classeur, avec le nom des feuilles qu'il contient :

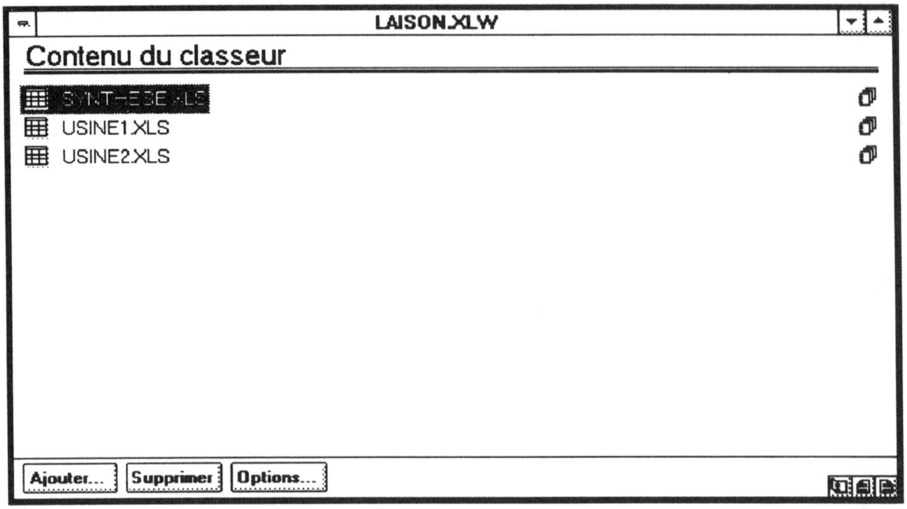

Pour faire apparaître, dans cette fenêtre, l'une des feuilles du classeur :

- Double cliquez simplement sur l'icône de la feuille choisie, par exemple **SYNTHESE.XLS**.

Vous obtenez :

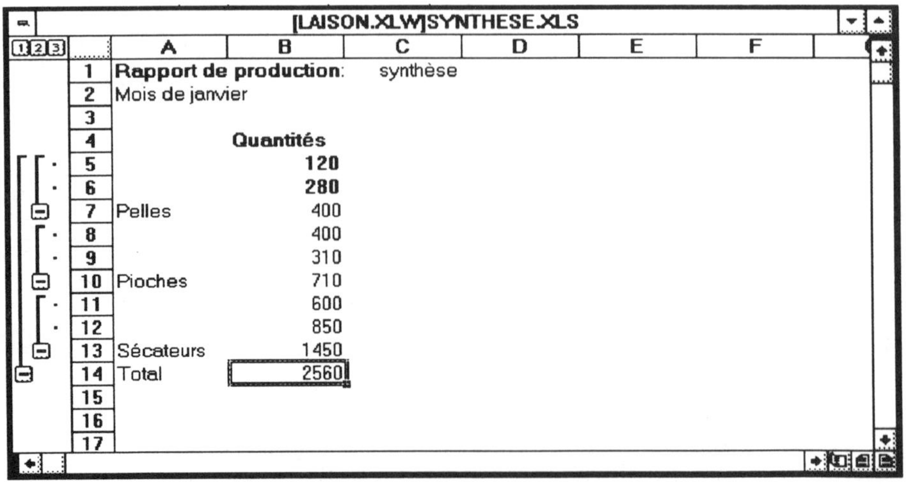

LIAISON ENTRE FEUILLES : Enregistrer un classeur

Observez la barre de titre de cette fenêtre. Le nom **SYNTHESE.XLS** est maintenant précédé de **[LIAISON.XLW]**.

En effet, en sauvegardant le classeur, **Excel** a en même temps sauvegardé chacune des feuilles ouvertes **à l'intérieur** de ce classeur.

Pour les identifier comme telles, c'est-à-dire comme appartenant au classeur, leur nom est donc maintenant précédé du nom du classeur.

Pour faire défiler, dans cette fenêtre, les différentes feuilles du classeur :

■ Cliquez, en bas de la fenêtre sur le bouton de votre choix :

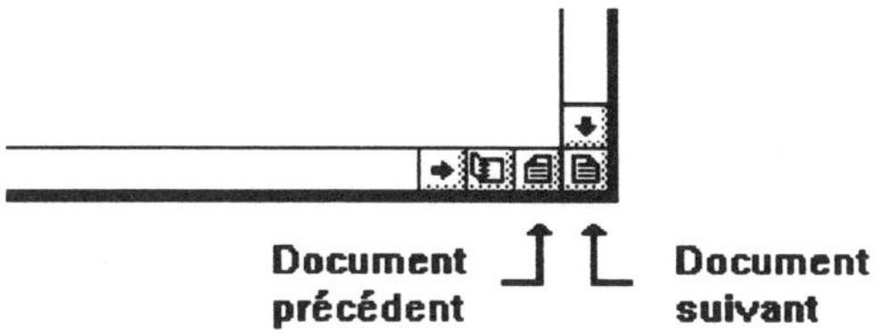

Enfin, vous pouvez revenir, à tout moment, à la liste des fichiers du classeur, en cliquant sur le bouton 

Pour fermer directement le classeur et toutes les feuilles qu'il contient :

■ Choisissez la commande **Fichier** **Fermer le classeur** et, le cas échéant, répondez **OUI** aux éventuelles demandes de sauvegarde.

Pour ré-ouvrir votre classeur :

■ Ouvrez simplement le fichier **LIAISON.XLW** comme vous le feriez pour un quelconque fichier, en utilisant la commande **Fichier** **Ouvrir** (ou en sélectionnant, ici, son nom en bas de la liste du menu **Fichier**, puisque c'est l'un des quatres derniers ouverts).

Excel ouvre de nouveau vos trois feuilles de calcul et la fenêtre du classeur.

■ Fermez de nouveau **LIAISON.XLW** pour terminer l'étude de ce modèle.

CHAPITRE 6

LA BASE DE DONNEES

Construction de la base de données

Les établissements **BRICO** ont comme principaux clients des détaillants.

Le responsable financier a besoin de connaître, pour chacun d'eux, leur **nom**, leur **numéro de téléphone**, le montant de la **dernière commande**, ainsi que la **position actuelle de leur compte** dans la société.

Ces quatres rubriques (**Nom**, **Téléphone**, **Dernière commande**, et **Position du compte**) vont donc définir la **structure** de votre fichier d'informations.

C'est ce qu'on appelle **les champs** d'une base de données.

■ Construisez le tableau suivant sur une nouvelle feuille de calcul :

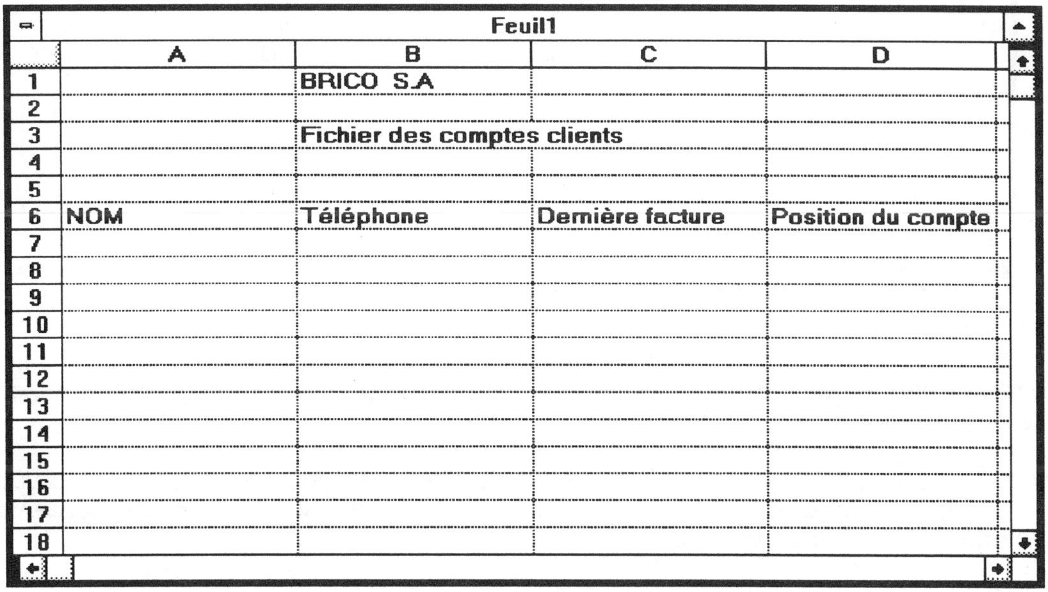

Afin d'obtenir la même présentation :

■ Mettez les différents libellés en gras.

- Fixez la largeur des colonnes **A**, **B**, **C** et **D** à **19** caractères (sélectionnez la plage **A6:D6**, et tapez **"19"** dans la boîte de dialogue de la commande **Format Largeur de colonnes**).

- Saisissez ensuite dans les différentes lignes du tableau les informations correspondant à chaque client.

  Pour les numéros de **Téléphone**, n'insérez pas de séparateurs entre les chiffres. Vous verrez ensuite comment les mettre en forme.

Feuil1

	A	B	C	D
1		BRICO S.A		
2				
3		Fichier des comptes clients		
4				
5				
6	**NOM**	**Téléphone**	**Dernière facture**	**Position du compte**
7	CALODAT	47000565	5620	50
8	DUFOSSET	44221515	12000	1000
9	DELATRE	49141010	540	-500
10	BELANGE	47209020	4000	-3000
11	DUFOSSE	47221111	200	600
12				
13				
14				
15				
16				
17				
18				

Il reste maintenant à indiquer à **Excel** dans quelle zone de la feuille se trouve la base de données.

- Sélectionnez la plage **A6:D11**, c'est-à-dire **l'en-tête** de votre base et les différentes lignes d'informations qu'elle contient (on appelle cela les "**enregistrements**" ou encore les "**fiches**" de la base).

- Choisissez la commande **Données Base de données**.

  Excel nomme alors la plage sélectionnée du nom de **Base_de_données**, ce que vous pourrez constater en ouvrant la boîte de dialogue de la commande **Sélection Atteindre** :

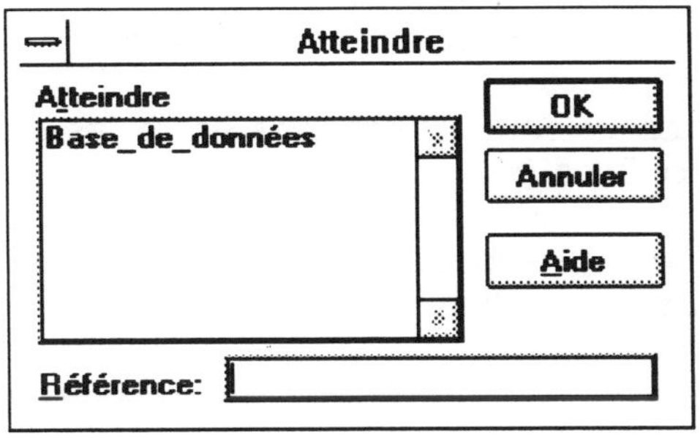

Création de formats personnalisés

Excel possède **plusieurs formats prédéfinis**, auxquels peuvent s'ajouter **des formats personnalisés** que vous créez vous-même.

Utiles pour préciser le séparateur des milliers, le nombre de décimales, le symbole monétaire ou l'unité de mesure, les formats personnalisés permettent de modifier :

- **l'affichage** (montrer ou cacher le contenu d'une cellule),
- **la présentation** des mots, nombres, dates, heures...

Une ligne de format peut être composée des 4 parties suivantes :

Nombre positif;Nombre négatif;0;Texte.

Voici quelques-uns des symboles que vous pourrez utiliser :

: Un chiffre tapé ou non (par exemple : **0** ne s'affiche pas en format **#**).

0 : Un chiffre tapé ou non. Dans ce dernier cas **Excel** affiche quand même la valeur **0** (par exemple, **1** en format **00** s'écrit **01**).

% : Multiplie le nombre par 100 et l'affiche en pourcentage.

" " : Affiche exactement ce qui est écrit entre les 2 guillemets.

[ ] : Affichage dans la couleur précisée entre les crochets. Voici la liste des couleurs disponibles :

[Noir]	[Blanc]	[Rouge]	[Vert]
[Bleu]	[Jaune]	[Ciel]	[Mauve]

Vous allez créer un format personnalisé afin de rendre plus lisible l'affichage des numéros de téléphone :

- Sélectionnez la plage **B7:B11** contenant les numéros à mettre en forme.
- Choisissez **Format Nombre** pour ouvrir la boîte de dialogue des formats.
- Double cliquez sur un caractère quelconque de la zone de texte **Code** pour la sélectionner :

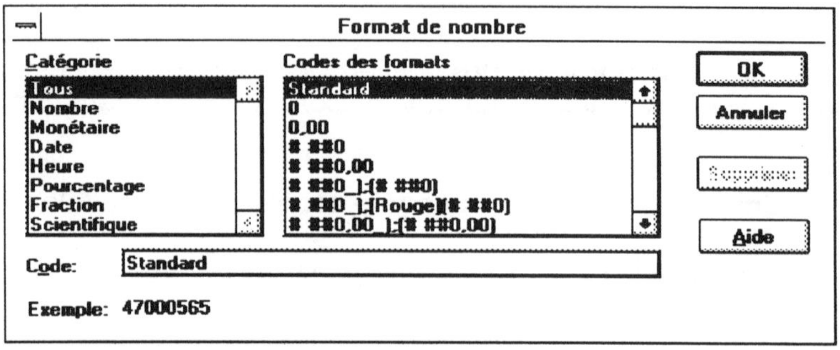

- Pressez la touche [Suppr] de votre clavier.
- Tapez ensuite le format suivant, en insérant un **espace** avant et après chaque **/** :

Code: 00" / "00" / "00" / "00

De cette façon, chaque paire de chiffre sera séparée des autres par une barre oblique (précédée et suivie d'un espace).

- Validez la boîte par [↵]. Vous obtenez :

Feuil1

	A	B	C	D
1		BRICO S.A		
2				
3		Fichier des comptes clients		
4				
5				
6	NOM	Téléphone	Dernière facture	Position du compte
7	CALODAT	47/00/05/65	5620	50
8	DUFOSSET	44/22/15/15	12000	1000
9	DELATRE	49/14/10/10	540	-500
10	BELANGE	47/20/90/20	4000	-3000
11	DUFOSSE	47/22/11/11	200	600
12				
13				
14				
15				
16				
17				
18				

- A ce stade de l'exercice, sauvegardez votre feuille par la commande **Fichier Enregistrer sous**, en lui donnant le nom **BASE**.

Tri des enregistrements de la base

Vous allez trier les enregistrements, en classant par ordre alphabétique croissant le **Nom** des clients.

1ère Méthode

- Sélectionnez la plage **A7:D11** contenant les différents enregistrements.
- Choisissez la commande **Données Trier**.

  Une boîte de dialogue vous permet alors de préciser les paramètres du tri :

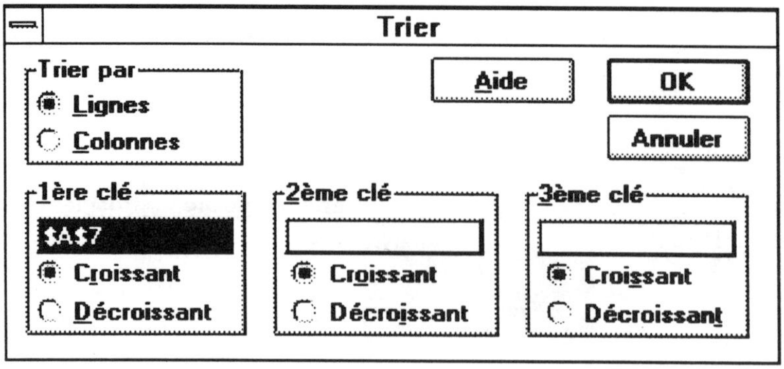

- Laissez active l'option **Ligne** de la zone **Trier par**, puisque ce sont bien les lignes et non les colonnes de la sélection que vous voulez trier.

  Excel vous permet par ailleurs d'utiliser **plusieurs clés de tri**.

  Cette possibilité serait utile si votre base comportait plusieurs noms identiques, et que vous souhaitiez les classer en fonction d'un autre champ de la base, comme le prénom par exemple.

  Dans notre cas, une seule clé de tri suffit puisque tous les noms sont différents.

  Par défaut, **Excel** a choisi comme clé de tri la première cellule de la sélection, contenant le nom du premier client.

  Pour trier votre base suivant une autre clé, comme la **Position du compte** par exemple, il suffirait de cliquer sur une cellule quelconque de la colonne contenant ce champ de la base (en l'occurrence la colonne **D**).

- Assurez-vous donc que la **1ère clé** est bien une cellule de la colonne **A**.
- Laissez active l'option **Croissant** pour obtenir un tri ascendant suivant l'ordre de l'alphabet, et validez votre boîte de dialogue par ↵.

2ème Méthode

- Affichez, le cas échéant, la barre d'outils **Utilitaire** à l'aide de la commande **Options Barres d'outils**.

- Si vous venez d'utiliser la première méthode, annulez le tri précédent en cliquant dans la barre d'outils Utilitaire sur le bouton

- Dans le cas contraire, sélectionnez la plage **A7:D11** contenant les différents enregistrements.

- Cliquez ensuite, dans la barre d'outils Utilitaire sur le bouton

❑ **Remarque :**

Pour effectuer le tri sur un autre champ de la base, comme la Position du compte par exemple, déplacez la cellule active de la sélection sur une cellule de la colonne correspondante, et ce en pressant simplement plusieurs fois la touche de tabulation .

Dans les deux cas, vous obtenez :

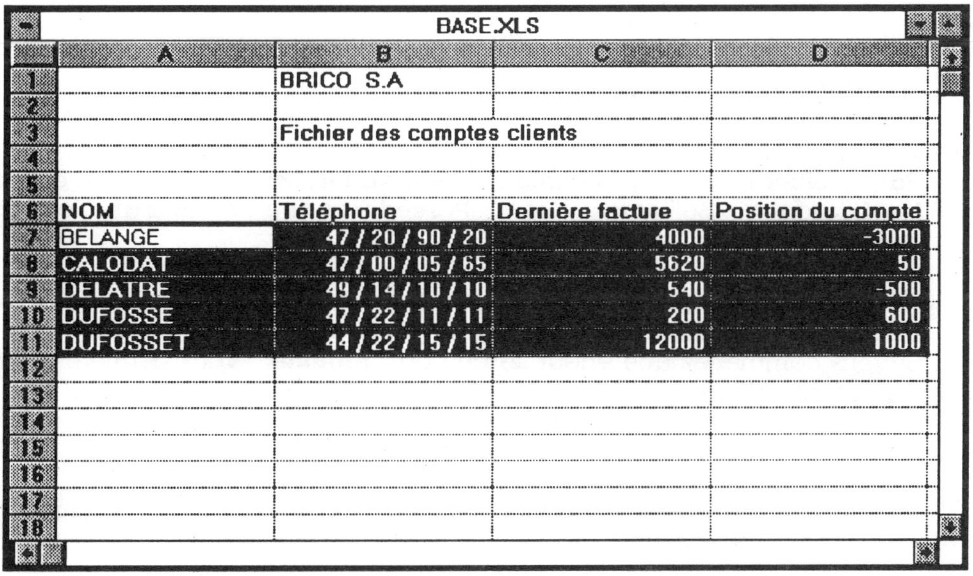
BASE.XLS

	A	B	C	D
1		BRICO S.A		
2				
3		Fichier des comptes clients		
4				
5				
6	NOM	Téléphone	Dernière facture	Position du compte
7	BELANGE	47 / 20 / 90 / 20	4000	-3000
8	CALODAT	47 / 00 / 05 / 65	5620	50
9	DELATRE	49 / 14 / 10 / 10	540	-500
10	DUFOSSE	47 / 22 / 11 / 11	200	600
11	DUFOSSET	44 / 22 / 15 / 15	12000	1000
12				
13				
14				
15				
16				
17				
18				

Recherche de données

UTILISATION DE LA GRILLE

■ Choisissez la commande **Données Grille**.

Excel ouvre une boîte de dialogue, vous présentant le 1er enregistrement de la base sous la forme d'une **fiche** :

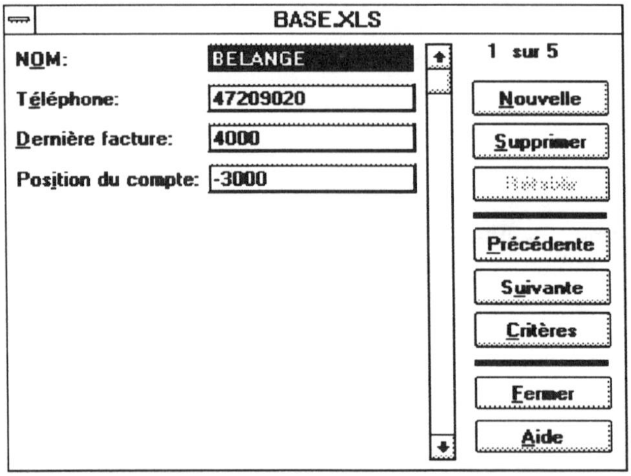

A partir de cette boîte, vous pouvez :

⇨ **Faire défiler** les différents enregistrements ou **fiches** de la base en cliquant sur les boutons **Suivante** et **Précédente**, ou en utilisant la **barre de défilement**.

⇨ **Modifier** un ou plusieurs champs de la fiche sur laquelle vous êtes, en cliquant au préalable dans la zone de texte du champ à modifier.
Si vous commettez une erreur, le bouton **Rétablir** vous permettra d'**annuler** vos modifications.

⇨ **Ajouter** une nouvelle fiche à la base par le bouton **Nouvelle**.

⇨ **Supprimer** la fiche sur laquelle vous êtes à l'aide du bouton **Supprimer**.

Pour l'instant, vous allez rechercher les clients dont la position de compte est positive :

- Cliquez sur le bouton **Critères**.
- Cliquez dans la zone de texte **Position du compte**, et tapez ">0" :

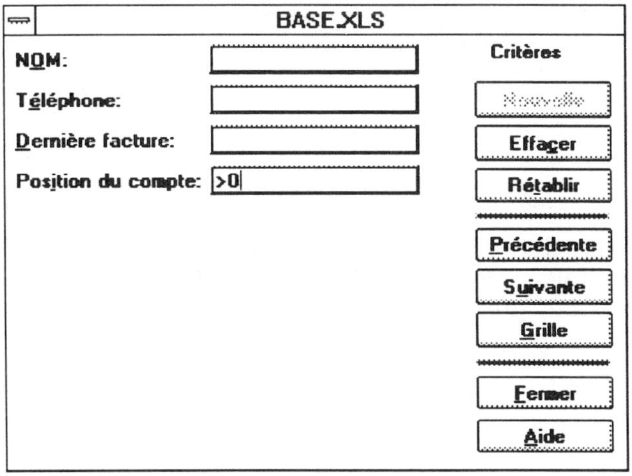

- Validez par ↵.

  Vous visualisez alors la première fiche répondant à ce critère.
- Utilisez le bouton **Suivante** pour faire défiler les autres fiches. **Excel** émettra un **bip** lorsque vous aurez atteint la dernière fiche répondant au critère.
- Cliquez sur le bouton **Fermer** pour revenir sur la feuille de calcul.

UTILISER UNE ZONE DE CRITERES

L'utilisation d'une **zone de critères** présente deux avantages par rapport à la commande **Grille** :

⇨ Effectuer des recherches plus précises.

⇨ Extraire automatiquement dans la feuille de calcul les enregistrements (ou "fiches") répondant à vos critères de recherche.

Une zone de critères comporte toujours au moins deux lignes :

- Une première ligne contenant **les noms des champs de la base** sur lesquels vous souhaitez effectuer la recherche.

- Une ligne dans laquelle vous rentrerez vos différents critères.

■ Sélectionnez la plage **A6:D6** contenant l'en-tête de la base, c'est-à-dire les différents noms de champ, et choisissez **Edition Copier**.

■ Placez-vous en **A14** et pressez [↵] pour recopier cet en-tête en ligne **14**.

■ Comme vous n'effectuerez pas de recherche à partir des numéros de téléphone, cliquez sur la cellule **B14**, choisissez **Edition Supprimer** et confirmez le décalage des cellules **vers la gauche** dans la boîte de dialogue.

Vous obtenez :

BASE.XLS

	A	B	C	D
1		BRICO S.A		
2				
3		Fichier des comptes clients		
4				
5				
6	**NOM**	**Téléphone**	**Dernière facture**	**Position du compte**
7	BELANGE	47/20/90/20	4000	-3000
8	CALODAT	47/00/05/65	5620	50
9	DELATRE	49/14/10/10	540	-500
10	DUFOSSE	47/22/11/11	200	600
11	DUFOSSET	44/22/15/15	12000	1000
12				
13				
14	**NOM**	**Dernière facture**	**Position du compte**	
15				
16				
17				
18				

Il ne reste plus qu'à indiquer à Excel où se trouve votre zone de critère :

■ Sélectionnez la plage **A14:C15** et choisissez **Données Zone de critères**.

Le nom **Critères** est alors associé à cette plage de cellules.

☞ **Pour rechercher maintenant tous les clients dont la dernière facture est supérieure ou égale à 4000 F :**

- Placez-vous en **B15**, tapez "**>=4000**" et validez par [↵].
- Lancez ensuite la recherche en choisissant **Données Rechercher**.

Excel sélectionne alors, dans la base, la première fiche répondant à ce critère :

BASE.XLS

	A	B	C	D
6	NOM	Téléphone	Dernière facture	Position du compte
7	BELANGE	47 / 20 / 90 / 20	4000	-3000
8	CALODAT	47 / 00 / 05 / 65	5620	50
9	DELATRE	49 / 14 / 10 / 10	540	-500
10	DUFOSSE	47 / 22 / 11 / 11	200	600
11	DUFOSSET	44 / 22 / 15 / 15	12000	1000
12				
13				
14	NOM	Dernière facture	Position du compte	
15		>=4000		
16				
17				
18				
19				
20				
21				
22				
23				

Remarquez que les barres de défilement sont **hachurées**.

Ces hachures vous indiquent que vous êtes en mode **Rechercher**.

- Pressez la flèche [↓] du clavier, ou cliquez sur celle de la barre de défilement verticale, pour sélectionner les autres fiches répondant au critère.

- Quittez ce mode en pressant la touche [Echap] ou en cliquant sur une cellule quelconque de la feuille.

Recherche multi-critères

Le responsable financier souhaite connaître les clients dont la dernière facture est supérieure ou égale à 4000 F **ET** dont le compte est crédité :

Vous allez donc ajouter un critère supplémentaire dans la zone de critère, concernant la Position du compte :

- Placez-vous en **C15**, tapez **">0"** et validez par [↵].
- Lancez la recherche par **Données Rechercher**.

Vous obtenez :

BASE.XLS

	A	B	C	D
6	**NOM**	**Téléphone**	**Dernière facture**	**Position du compte**
7	BELANGE	47 / 20 / 90 / 20	4000	-3000
8	CALODAT	47 / 00 / 05 / 65	5620	50
9	DELATRE	49 / 14 / 10 / 10	540	-500
10	DUFOSSE	47 / 22 / 11 / 11	200	600
11	DUFOSSET	44 / 22 / 15 / 15	12000	1000
12				
13				
14	**NOM**	**Dernière facture**	**Position du compte**	
15		>=4000	>0	
16				
17				
18				
19				
20				
21				
22				
23				

Le premier client, **BELANGE**, n'est pas sélectionné puisque son compte est débiteur.

- Utilisez la flèche [↓] pour visualiser l'enregistrement suivant répondant à ces deux critères.

Recherche des clients dont la position de compte est comprise entre 500 et 1000 F :

La zone de critère va comporter **2 critères**, mais portant cette fois-ci sur **le même champ** de la base : la **Position du compte**.

Pour réaliser cette recherche, vous devez donc **ajouter** une colonne **Position de compte** supplémentaire dans la zone de critère :

- Recopiez la cellule **C14** en **D14**, ou tapez directement "**Position du compte**" en **D14** de manière à obtenir :

BASE.XLS

	A	B	C	D
6	NOM	Téléphone	Dernière facture	Position du compte
7	BELANGE	47/20/90/20	4000	-3000
8	CALODAT	47/00/05/65	5620	50
9	DELATRE	49/14/10/10	540	-500
10	DUFOSSE	47/22/11/11	200	600
11	DUFOSSET	44/22/15/15	12000	1000
12				
13				
14	NOM	Dernière facture	Position du compte	Position du compte
15		>=4000	>0	
16				
17				
18				
19				
20				
21				
22				
23				

Modifiez ensuite la ligne 15 contenant les différents critères :

- Placez-vous en **B15** et pressez [Ctrl] [Suppr] pour effacer le critère de la **Dernière facture**.

- Tapez "**>500**" en **C15**, puis "**<1000**" en **D15** pour spécifier les deux critères de la **Position du compte**.

❖ **ATTENTION !**

Avant de lancer votre recherche, vous devez **redéfinir** votre zone de critère, sinon **Excel** ne prendra pas en compte le nouveau critère de la cellule **D15**.

- Sélectionnez la plage **A14:D15** constituant la nouvelle zone de critère.
- Choisissez **Données Zone de critères** pour la déclarer comme telle.
- Lancez la recherche par **Données Rechercher**.

Vous obtenez l'unique fiche répondant à ces deux critères :

BASE.XLS

	A	B	C	D
6	**NOM**	**Téléphone**	**Dernière facture**	**Position du compte**
7	BELANGE	47/20/90/20	4000	-3000
8	CALODAT	47/00/05/65	5620	50
9	DELATRE	49/14/10/10	540	-500
10	DUFOSSE	47/22/11/11	200	600
11	DUFOSSET	44/22/15/15	12000	1000
12				
13				
14	**NOM**	**Dernière facture**	**Position du compte**	**Position du compte**
15			>500	<1000
16				
17				
18				
19				
20				
21				
22				
23				

Jusqu'à présent, vous avez recherché des fiches répondant **simultanément** à plusieurs critères, ceux figurant en ligne **15** de la zone de critères.

☞ **Vous allez maintenant rechercher tous les clients dont la Position du compte est débitrice OU dont la Dernière facture est supérieure à 1000 F.**

Pour réaliser ce type de recherche, vous devez utiliser une zone de critères contenant non pas **une**, mais **deux** lignes de critères.

Excel recherchera alors toutes les fiches satisfaisant aux critères de la première ligne **OU** aux critères de la seconde.

- Effacez le contenu des cellules **D14** et **D15** par [Ctrl] [Suppr].
- Définissez vos deux critères en tapant "**<0**" en **C15** et "**>1000**" en **B16**, de manière à obtenir :

BASE.XLS

	A	B	C	D
6	**NOM**	**Téléphone**	**Dernière facture**	**Position du compte**
7	BELANGE	47/20/90/20	4000	-3000
8	CALODAT	47/00/05/65	5620	50
9	DELATRE	49/14/10/10	540	-500
10	DUFOSSE	47/22/11/11	200	600
11	DUFOSSET	44/22/15/15	12000	1000
12				
13				
14	**NOM**	**Dernière facture**	**Position du compte**	
15			<0	
16		>1000		
17				
18				
19				
20				
21				
22				
23				

- Sélectionnez la plage **A14:C16** et choisissez **Données** **Zones de critères** pour la déclarer comme telle.
- Lancez votre recherche par **Données** **Rechercher** et observez le résultat à l'aide des flèches [↓] et [↑] de votre clavier.

Seul le client **DUFOSSE** n'est pas sélectionné, puisqu'il ne répond **ni** au critère de la ligne **15**, **ni** à celui de la ligne **16**.

Recherche d'une chaîne de caractères

Vous allez rechercher, dans votre base, la fiche du client dont le **Nom** est **DUFOSSE**.

- Tapez "**DUFOSSE**" en **A15**, et effacez les deux autres critères des cellules **B16** et **C15** pour obtenir :

BASE.XLS

	A	B	C	D
6	**NOM**	**Téléphone**	**Dernière facture**	**Position du compte**
7	BELANGE	47/20/90/20	4000	-3000
8	CALODAT	47/00/05/65	5620	50
9	DELATRE	49/14/10/10	540	-500
10	DUFOSSE	47/22/11/11	200	600
11	DUFOSSET	44/22/15/15	12000	1000
12				
13				
14	**NOM**	**Dernière facture**	**Position du compte**	
15	DUFOSSE			
16				
17				
18				
19				
20				
21				
22				
23				

- Sélectionnez la plage **A14:C15** et choisissez **Données Zones de critères** pour déclarer cette nouvelle zone.

ATTENTION !

N'oubliez pas cette commande, car votre précédente zone de critères comportait également la ligne **16.**

Si vous lancez la recherche sans redéfinir cette zone, **Excel** sélectionnera toutes les fiches de la base puisque toutes satisferont à l'absence de critères de la ligne **16.**

- Lancez votre recherche par **Données Rechercher**, puis pressez ensuite la touche [↓] pour observer les différentes fiches trouvées par **Excel**.

Le client **DUFOSSE** a bien été trouvé, mais **Excel** a également sélectionné la fiche de **DUFOSSET**.

En tapant "**DUFOSSE**" comme critère de recherche en **A15**, vous avez en réalité recherché tous les noms commençant par cette chaîne de caractères.

☞ **Pour obtenir uniquement le client DUFOSSE, vous devez construire, en A15, une formule produisant le critère =DUFOSSE :**

- Placez-vous en **A15** et tapez dans la barre de formule :

A15	X ✓	="=DUFOSSE"

Le **premier signe d'égalité** indique à **Excel** qu'il est en présence d'une formule et non d'une chaîne de caractères.

Quant **aux guillemets anglais**, les "", ils doivent encadrer obligatoirement toute chaîne de caractères contenue dans une formule.

- Validez votre entrée par [↵] et effectuez votre recherche par **Données Rechercher**.

Seule désormais la fiche du client DUFOSSE est sélectionnée.

Extraction des données recherchées

Au lieu de visualiser, fiche par fiche, le résultat de votre recherche, vous pouvez demander à **Excel** d'extraire ces fiches à un endroit donné de votre feuille de calcul.

Pour cela, vous devez créer **une zone d'extraction** :

- Sélectionnez la plage **A6:D6** contenant l'en-tête de la base, c'est-à-dire les différents noms de champ.
- Copiez-la par **Edition Copier**.
- Placez-vous en **A18** et validez par [↵] pour recopier cet en-tête en ligne **18**.

Vous obtenez :

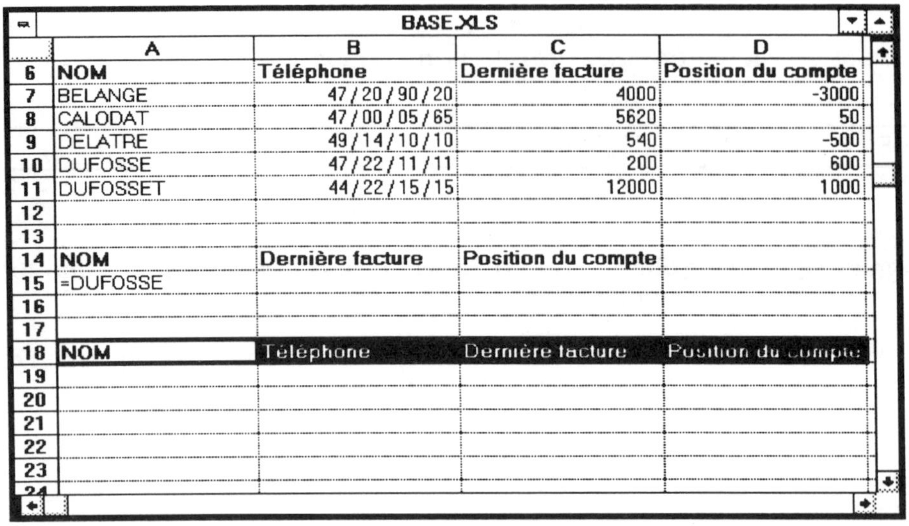
BASE.XLS

	A	B	C	D
6	**NOM**	**Téléphone**	**Dernière facture**	**Position du compte**
7	BELANGE	47/20/90/20	4000	-3000
8	CALODAT	47/00/05/65	5620	50
9	DELATRE	49/14/10/10	540	-500
10	DUFOSSE	47/22/11/11	200	600
11	DUFOSSET	44/22/15/15	12000	1000
12				
13				
14	**NOM**	**Dernière facture**	**Position du compte**	
15	=DUFOSSE			
16				
17				
18	**NOM**	Téléphone	Dernière facture	Position du compte
19				
20				
21				
22				
23				

■ Laissez la plage **A18:D18** sélectionnée, et choisissez **Données Zone d'extraction**.

Excel nomme alors cette plage **Extraction**.

■ Choisissez **Données Extraire** pour extraire la ou les fiches répondant aux critères actuels de la zone de critère.

Excel ouvre une boîte de dialogue :

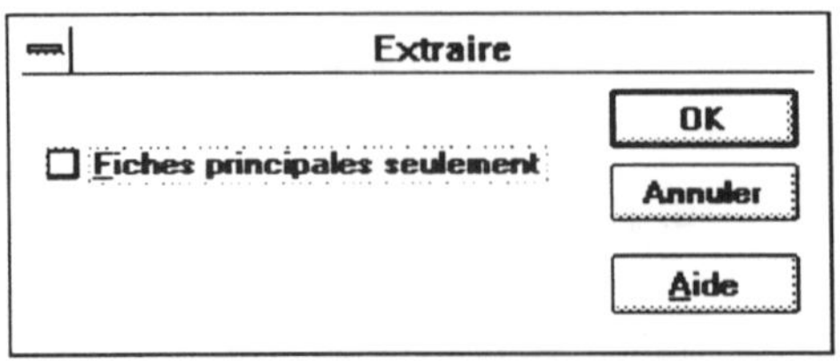

Cette boîte n'est utile que si votre base comporte des **doublons**, c'est-à-dire des **enregistrements identiques**, et que vous voulez n'en extraire qu'un exemplaire. Dans ce cas, activez la case à cocher **Fiches principales seulement**.

■ Validez cette boîte par [↵]. Vous obtenez :

BASE.XLS

	A	B	C	D
6	**NOM**	**Téléphone**	**Dernière facture**	**Position du compte**
7	BELANGE	47 / 20 / 90 / 20	4000	-3000
8	CALODAT	47 / 00 / 05 / 65	5620	50
9	DELATRE	49 / 14 / 10 / 10	540	-500
10	DUFOSSE	47 / 22 / 11 / 11	200	600
11	DUFOSSET	44 / 22 / 15 / 15	12000	1000
12				
13				
14	**NOM**	**Dernière facture**	**Position du compte**	
15	=DUFOSSE			
16				
17				
18	**NOM**	Téléphone	Dernière facture	Position du compte
19	DUFOSSE	47 / 22 / 11 / 11	200	600
20				
21				
22				
23				

☞ **Vous allez maintenant extraire de la base tous les clients dont le nom commence par un D ET dont la dernière facture est supérieure à 500 F :**

■ Tapez "**D**" dans la cellule **A15** de la zone de critère, "**>500**" dans la cellule **B15** et validez.

■ Lancez l'extraction par **Données Extraire** puis validez la boîte. Vous obtenez :

BASE.XLS

	A	B	C	D
6	**NOM**	**Téléphone**	**Dernière facture**	**Position du compte**
7	BELANGE	47 / 20 / 90 / 20	4000	-3000
8	CALODAT	47 / 00 / 05 / 65	5620	50
9	DELATRE	49 / 14 / 10 / 10	540	-500
10	DUFOSSE	47 / 22 / 11 / 11	200	600
11	DUFOSSET	44 / 22 / 15 / 15	12000	1000
12				
13				
14	**NOM**	**Dernière facture**	**Position du compte**	
15	D	>500		
16				
17				
18	**NOM**	**Téléphone**	**Dernière facture**	**Position du compte**
19	DELATRE	49 / 14 / 10 / 10	540	-500
20	DUFOSSET	44 / 22 / 15 / 15	12000	1000
21				
22				
23				

Fractionner la fenêtre en volets

Une base de données peut contenir plusieurs milliers d'enregistrements (**16383** au maximum, soit le nombre de ligne total d'une feuille de calcul, moins **1** ligne pour l'en-tête de la base). En extrayant beaucoup d'enregistrements, vous risquez alors de ne plus **visualiser simultanément**, à l'écran, la zone de critère et la zone d'extraction.

Pour éviter d'avoir à vous déplacer de l'une à l'autre en cas de fréquentes recherches, vous pouvez **fractionner la fenêtre** en **deux volets**, afin d'afficher la zone de critères dans la partie supérieure de la fenêtre, et les fiches extraites dans la partie inférieure.

■ Amenez le pointeur de la souris sur la **zone de fractionnement horizontal** :

Zone de fractionnement horizontal

BASE.XLS

	A	B	C	D
6	NOM	Téléphone	Dernière facture	Position du compte
7	BELANGE	47/20/90/20	4000	-3000
8	CALODAT	47/00/05/65	5620	50
9	DELATRE	49/14/10/10	540	-500

Lorsqu'il prend la forme  :

■ Cliquez sur le bouton **Gauche** de la souris et, sans le relâcher, déplacez cette zone vers le bas pour placer la **barre de fractionnement** entre la ligne **8** et **9** :

BASE.XLS

	A	B	C	D
6	NOM	Téléphone	Dernière facture	Position du compte
7	BELANGE	47/20/90/20	4000	-3000
8	CALODAT	47/00/05/65	5620	50
8	CALODAT	47/00/05/65	5620	50
9	DELATRE	49/14/10/10	540	-500
10	DUFOSSE	47/22/11/11	200	600
11	DUFOSSET	44/22/15/15	12000	1000
12				
13				
14	NOM	Dernière facture	Position du compte	
15	D	>500		
16				
17				
18	NOM	Téléphone	Dernière facture	Position du compte
19	DELATRE	49/14/10/10	540	-500
20	DUFOSSET	44/22/15/15	12000	1000
21				

■ Relâchez le bouton de la souris.

La fenêtre dispose maintenant de **2** barres de défilement vertical.

Vous pouvez donc faire défiler les lignes de la feuille de calcul dans **un volet**, indépendamment de l'autre.

■ Dans le volet supérieur, cliquez plusieurs fois sur la flèche basse de la barre de défilement afin de faire apparaître la ligne **14** (zone de critère) tout en haut de la fenêtre :

BASE.XLS

	A	B	C	D
14	NOM	Dernière facture	Position du compte	
15	D	>500		
16				
8	CALODAT	47/00/05/65	5620	50
9	DELATRE	49/14/10/10	540	-500
10	DUFOSSE	47/22/11/11	200	600
11	DUFOSSET	44/22/15/15	12000	1000
12				
13				
14	NOM	Dernière facture	Position du compte	
15	D	>500		
16				
17				
18	NOM	Téléphone	Dernière facture	Position du compte
19	DELATRE	49/14/10/10	540	-500
20	DUFOSSET	44/22/15/15	12000	1000
21				

Vous pouvez maintenant modifier vos critères et procéder à différentes extractions.

La barre de défilement du volet inférieur vous permettra de visualiser les différentes fiches extraites, tout en conservant la zone de critères dans le volet supérieur de la fenêtre.

Pour supprimer le fractionnement de la fenêtre :

■ Cliquez de nouveau sur la zone de fractionnement et, sans relâcher le bouton de la souris, replacez-la simplement à sa position initiale.

L'étude de ce modèle est terminé.

- Choisissez **Fichier Enregistrer** pour sauvegarder votre travail, puis fermez la feuille **BASE.XLS** par **Fichier Fermer**.

CHAPITRE 7

TABLE A DOUBLE ENTREE

Présentation du modèle

La société **BRICO** envisage d'acheter de nouveaux locaux pour étendre ses activités. Elle doit **emprunter à sa banque** une somme de **100 000 F**. La banque lui propose un remboursement sur **60 mois** (5 ans) à un **taux annuel** de **10 %**.

Le responsable financier de la société souhaite connaître le coût mensuel du remboursement de cet emprunt.
Pour étudier le **meilleur emprunt à effectuer**, il décide de calculer ce coût dans différents cas de figure, c'est-à-dire pour des taux d'emprunt différents, ainsi que pour des durées de remboursement différentes.

Commencez par saisir les données de base du problème :

- Ouvrez au besoin une nouvelle feuille de calcul en choisissant **Fichier Nouveau document**, puis en validant la boîte de dialogue, ou directement en cliquant dans la barre d'outils standard sur
- Remplissez ensuite cette nouvelle feuille comme dans le tableau suivant.
- Afin d'obtenir **10%** en cellule **B4**, tapez directement **"10%"**.

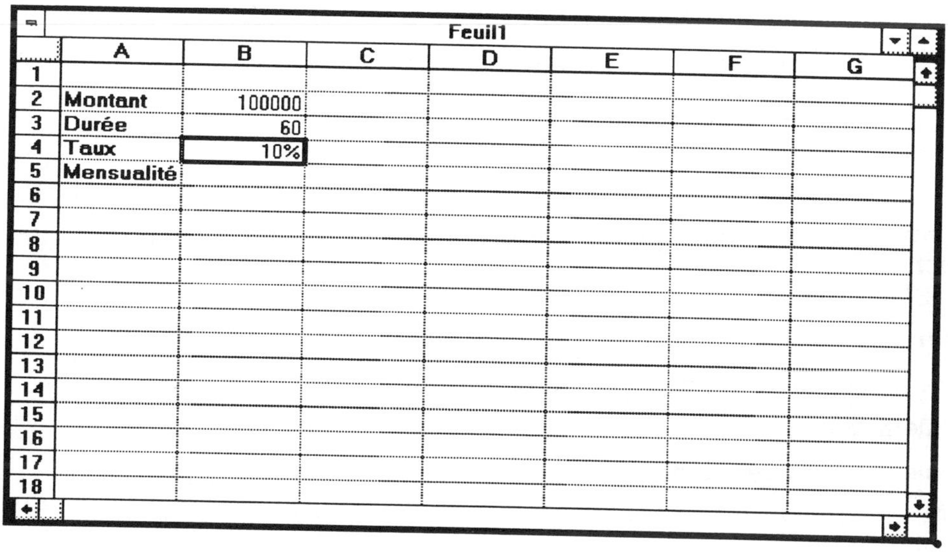
Feuil1

	A	B	C	D	E	F	G
1							
2	Montant	100000					
3	Durée	60					
4	Taux	10%					
5	Mensualité						
6							
7							
8							
9							
10							
11							
12							
13							
14							
15							
16							
17							
18							

Coller une fonction

Dans la cellule **B5**, vous allez **coller** la fonction qui permet de calculer le **coût mensuel** du remboursement de cet emprunt :

- Placez-vous en **B5**.
- Choisissez **Sélection Coller une fonction**.

  Excel ouvre une boîte de dialogue listant les différents types de fonctions disponibles.

- Dans la zone **Type de la fonction**, sélectionnez **Finances** afin de limiter la liste de droite à ce seul type de fonction.
- Cliquez sur une fonction quelconque de la zone **Coller une fonction** pour activer cette zone, puis pressez 5 fois la touche **[V]** pour vous placer directement sur la fonction **VPM()**.

Vous obtenez :

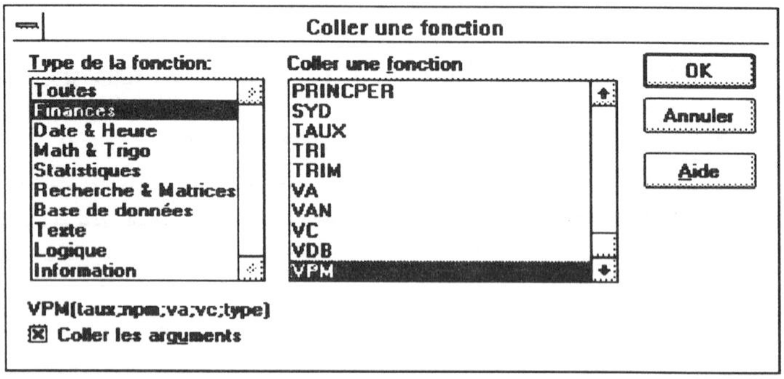

Remarquez, en bas de la boîte de dialogue, les différents arguments de cette fonction :

- le **taux**,
- le nombre de périodes de remboursement : **npm**,
- la **valeur actuelle**,
- la **valeur capitalisée** (optionnelle),
- le **type** (optionnel).

- Désactivez la case à cocher **Coller les arguments** puisque vous allez les rentrer vous-même, et validez la boîte par [↵].

Excel colle la fonction dans la cellule **B5**, et le curseur clignotant dans la barre de formule attend les références du premier argument.

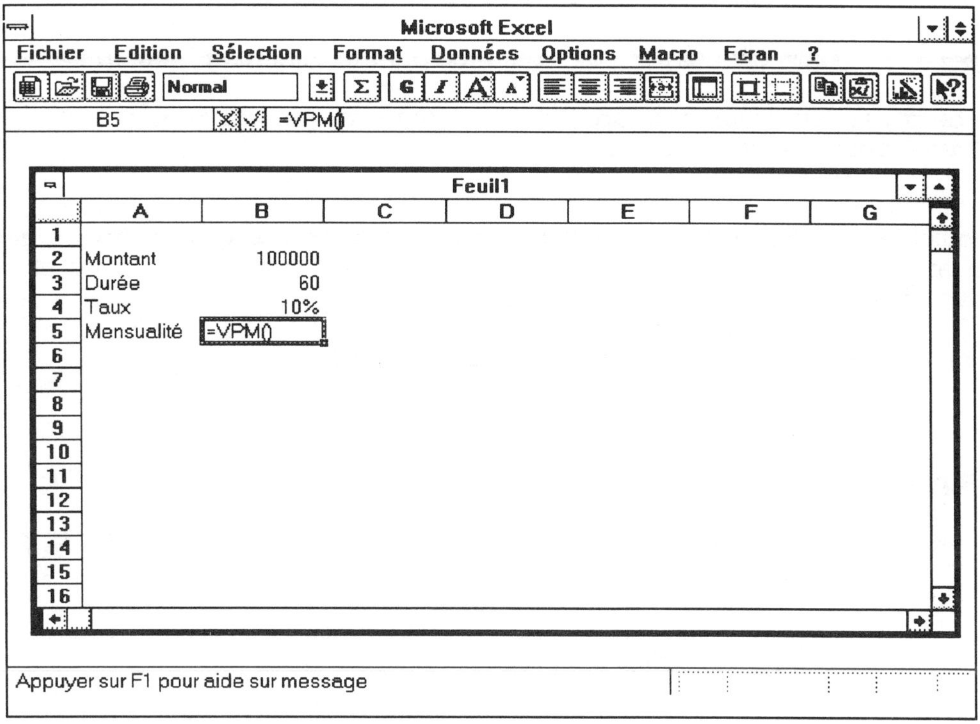

Dans votre tableau, le **Taux** (10%) exprime un taux annuel, alors que la **Durée** (60) indique des mois et non des années.

Pour obtenir un calcul exact de la **Mensualité**, il faut donc **diviser** ce taux par douze dans la formule, afin de l'exprimer dans la **même unité de temps** que la durée (ou nombre de remboursements).

- Cliquez sur la cellule **B4** contenant le **Taux**, et tapez "**/12**".

- Tapez ensuite "**;**" pour **séparer** ce premier argument du suivant.

La barre de formule attend le deuxième argument de la fonction :

B5	X ✓	=VPM(B4/12;)

- Cliquez sur **B3**, représentant la **Durée** du remboursement.
- Tapez "**;**" puis cliquez sur **B2** pour indiquer le **Montant** emprunté.
- Les deux derniers arguments, optionnels, n'étant pas nécessaires au calcul qui nous intéresse, validez la formule par [↵].

Excel calcule alors en **B5** la **valeur du remboursement à effectuer chaque mois**, et le met en forme automatiquement en format **Francs**, avec 2 décimales et valeur négative entre parenthèses.

Ce nombre est en effet **négatif**, puisqu'il s'agit d'un débit.

Pour le rendre positif :

- Cliquez dans la barre de formule devant le **V** de la fonction **VPM()**, et tapez le signe "**–**" pour prendre l'opposé de la fonction :

B5	X ✓	=-VPM(B4/12;B3;B2)

- Validez par [↵] pour revenir en mode **Prêt**.

Créer une série

Vous allez maintenant calculer ce remboursement pour **différents taux** et sur des **durées différentes**, ce qui est typiquement l'application d'une table à double entrée :

- 1ère entrée : les différents durées de remboursement.
- 2ème entrée : les différents taux.

TABLE A DOUBLE ENTREE : Créer une série

Vous allez placer la 1ère entrée en ligne et la 2ème entrée en colonne, ce qui donnera un tableau de ce type :

	12	24	36	48	60
8%					
9%					
10%					
11%					
12%					
13%					
14%					

Les durées envisagées ici constituent **une série** de chiffres **progressant de 12 en 12**, et les taux une série également **linéaire**, avec une progression par **pas** de **1%**.

Plutôt que de saisir toutes les valeurs par vous-même, ce qui pourrait être fastidieux dans certains cas, **Excel** vous permet de construire automatiquement ce type de série :

1ère Méthode

- Placez-vous en cellule **B8**, tapez "**12**" au clavier puis ↵.
- A partir de la cellule **B8**, choisissez la commande **Données Série**.

  Une boîte de dialogue vous demande de préciser les différents paramètres de la série à créer, et en premier lieu la **Valeur du pas** :

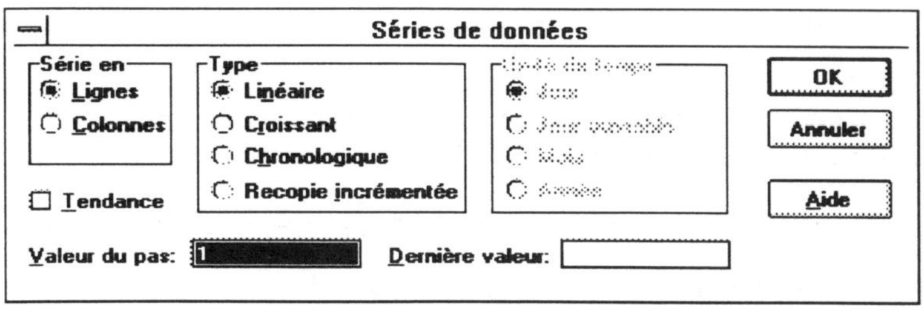

- Tapez **"12"** puisque c'est le pas d'incrémentation choisi.

- Positionnez-vous sur la zone **Dernière valeur** et entrez **"60"**.

- Assurez-vous que l'option **Ligne** est bien active puisque vous allez construire cette série en ligne.

- Assurez-vous également que le type de la série est bien **Linéaire**. Si vous activez **Croissant**, vous n'obtiendrez pas une progression de 12 en 12, mais une **multiplication** par 12 de la valeur initiale de la série.

- Validez la boîte par [↵]. Vous obtenez :

Feuil1

	A	B	C	D	E	F	G
1							
2	Montant	100000					
3	Durée	60					
4	Taux	10%					
5	Mensualité	2 124,70 F					
6							
7							
8		12	24	36	48	60	
9							
10							
11							
12							
13							
14							
15							
16							
17							
18							

Vous allez utiliser une autre méthode pour la colonne des différents taux :

2ème Méthode

- Placez-vous en **A9**, tapez **"8%"** puis [↵].

- Placez-vous en **A10**, tapez **"9%"** puis [↵].

A partir de ces deux valeurs initiales, **Excel** va pouvoir construire une série linéaire, en identifiant automatiquement la valeur du pas (= 9% - 8%, soit **1%**) :

- Sélectionnez ces deux cellules, soit la plage **A9:A10**.
- Amenez le pointeur de la souris sur la **poignée de recopie**, le petit carré noir en bas à droite de votre sélection.
- Lorsqu'il prend la forme d'une croix, pressez sans le relâcher le bouton gauche de la souris, et faites glisser le pointeur jusqu'à la cellule **A15** :

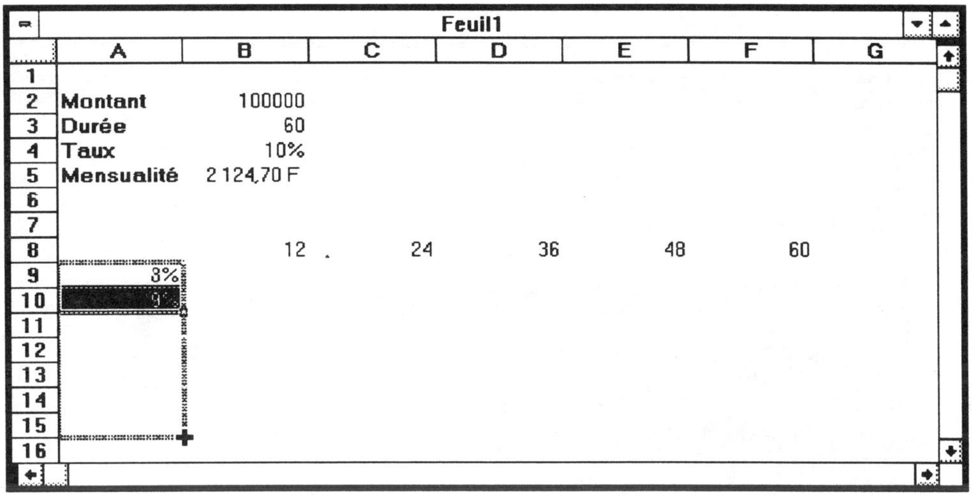

- Relâchez.

Excel remplit les cellules **A10** à **A15** des différents taux.

Calcul de la table

Vous allez maintenant procéder au calcul de la table à double entrée, afin de connaître le montant de la mensualité dans chaque cas de figure.

TABLE A DOUBLE ENTREE : Calcul de la table

Pour faire ce calcul, la cellule à l'intersection de la ligne et de la colonne de la table, c'est-à-dire **A8**, doit faire référence à la formule de calcul de la mensualité actuellement en **B5**.

- Placez-vous en **A8** et tapez "**=B5**".
- Sélectionnez ensuite l'ensemble de la table, c'est-à-dire la plage **A8:F15**.
- Choisissez la commande **Données Table**.

  Excel vous demande alors à quoi correspondent les cellules de la première ligne et de la première colonne de votre table :

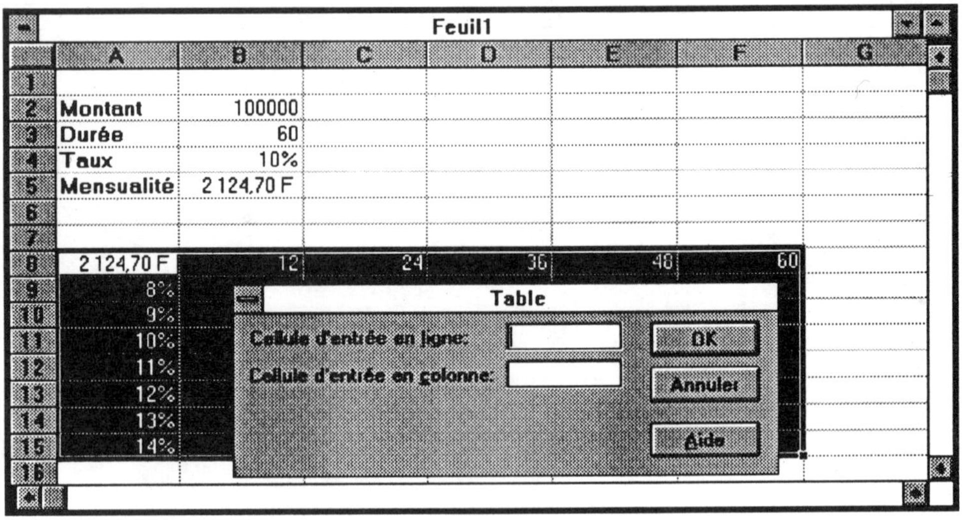

- Puisque la 1ère ligne du tableau exprime les différentes durées, cliquez sur la cellule **B3** représentant l'argument de la **Durée** dans la fonction **VPM()**.
- Cliquez ensuite dans la zone de texte **Cellule d'entrée en colonne** pour l'activer, puis sur **B4** puisque la 1ère colonne de la table représente les **Taux**.
- Validez par [↵].

Vous avez calculé le montant du remboursement de l'emprunt de **100 000 F**, dans les 35 cas de figures de votre tableau.

Mettez en forme la présentation de ces résultats :

- Sélectionnez la plage correspondante **B9:F15**, et ouvrez la commande **Format Nombre**.
- Cliquez sur **Monétaire** dans la zone **Catégorie** de la boîte de dialogue, sélectionnez le troisième format dans la liste **Codes des formats** et validez.

Vous pouvez maintenant faire varier le montant de votre emprunt, la répercussion sera immédiate dans l'ensemble du tableau :

- Placez-vous en **B2** et tapez par exemple "**5000**".
- Validez par [↵]. Vous obtenez :

Feuil1

	A	B	C	D	E	F	G
1							
2	Montant	5000					
3	Durée	60					
4	Taux	10%					
5	Mensualité	106,24 F					
6							
7							
8	106,24 F	12	24	36	48	60	
9	8%	434,94 F	226,14 F	156,68 F	122,06 F	101,38 F	
10	9%	437,26 F	228,42 F	159,00 F	124,43 F	103,79 F	
11	10%	439,58 F	230,72 F	161,34 F	126,81 F	106,24 F	
12	11%	441,91 F	233,04 F	163,69 F	129,23 F	108,71 F	
13	12%	444,24 F	235,37 F	166,07 F	131,67 F	111,22 F	
14	13%	446,59 F	237,71 F	168,47 F	134,14 F	113,77 F	
15	14%	448,94 F	240,06 F	170,89 F	136,63 F	116,34 F	
16							

L'étude de ce modèle est terminée.

- Choisissez **Fichier Enregistrer sous** et sauvegardez votre travail sous le nom **Table**.
- Fermez ensuite la feuille par **Fichier Fermer** ou en **double cliquant** sur sa case système.

CHAPITRE 8

LES GRAPHIQUES

Créer un graphique

Excel vous permet de générer très facilement des graphiques à partir d'une feuille de calcul.

Vous allez représenter graphiquement les différentes quantités de billets vendus par la société SUD CHARTER durant la saison 91 :

■ Ouvrez la feuille de calcul **SUD.XLS** à l'aide de la commande **Fichier Ouvrir**.

Si vous n'avez pas sauvegardé cette feuille au chapitre 2, ouvrez une nouvelle feuille par **Fichier Nouveau document**, et saisissez les données de la plage **B7:F12** du tableau suivant :

SUD.XLS

	A	B	C	D	E	F	G
1							
2							
3				SUD CHARTER			
4							
5				*Billets vendus - Saison 91*			
6							
7		**Destination**	**Juin**	**Juillet**	**Août**	**Total**	
8		**Rio**	23	56	17	**96**	
9		**Santiago**	12	23	32	**67**	
10		**Mexico**	3	12	46	**61**	
11		**Caracas**	5	6	12	**23**	
12		**Total**	**43**	**97**	**107**	**247**	
13							
14							

Pour créer un graphique, vous devez d'abord indiquer à **Excel** quelles sont les données que vous souhaitez représenter :

■ Sélectionnez la plage **B7:E11**, c'est-à-dire l'ensemble de ce tableau à l'exception de la ligne et de la colonne **TOTAL**.

◆ Choisissez ensuite la commande **Fichier Nouveau document**, sélectionnez **Graphique** dans la liste de la boîte de dialogue, et validez par [↵].

ou

◆ Pressez directement la touche [F11].

Excel ouvre une fenêtre, et trace les différentes données de votre sélection sous la forme d'un histogramme simple :

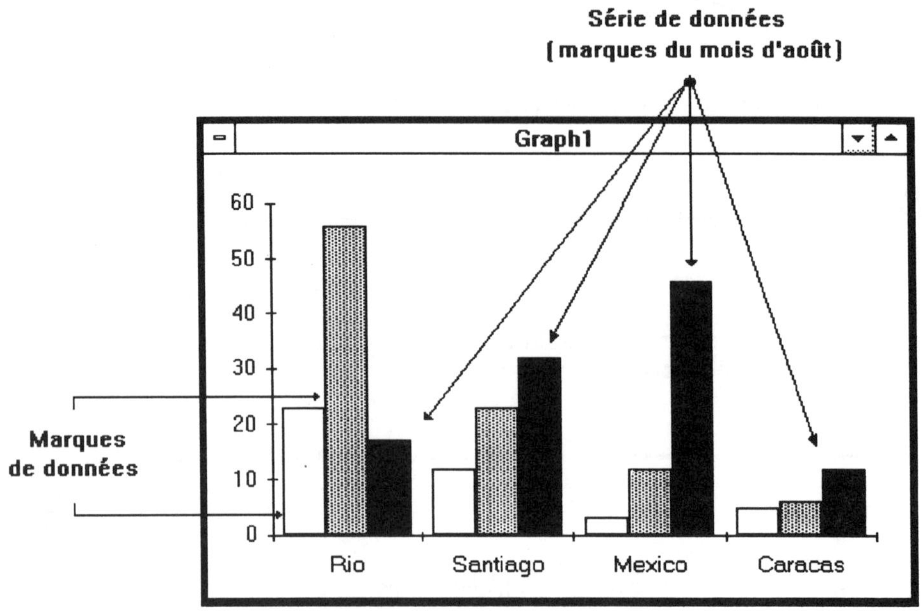

Chaque "barre verticale" représente une quantité de billets vendus pour un mois donné, c'est-à-dire une valeur numérique de votre sélection. On appelle cela une **marque de données**.

Et vous retrouvez, pour chaque destination, 3 marques de données correspondant respectivement aux mois de **Juin**, **Juillet**, et **Août**.

L'ensemble des marques appartenant à un même mois constitue **une série de données**.

AJOUTER UNE LEGENDE

Remarquez la nouvelle barre des menus propre aux fenêtres graphiques :

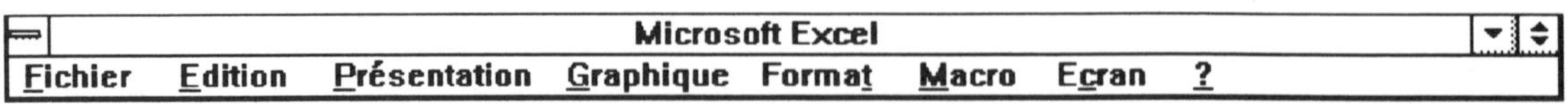

Vous disposez également d'une nouvelle barre d'outils, propre aux graphiques :

❑ **Remarque :**

Si cette barre n'apparaît pas sur votre écran, affichez-là à l'aide de la commande **Barre d'outils** du menu **Options.**

◆ Choisissez la commande **Ajouter une légende** du menu **Graphique**

ou

◆ Cliquez dans la barre d'outils graphique sur 

La légende apparaît dans la fenêtre graphique, entourée de petits carrés noirs, **les poignées**. Elles vous indiquent que ce nouvel élément est sélectionné et que vous pouvez le déplacer.

DEPLACER LA LEGENDE

■ Amenez le pointeur au milieu de la légende, cliquez sur le bouton gauche de la souris et, avant de le relâcher, déplacez le cadre vers le haut du graphique :

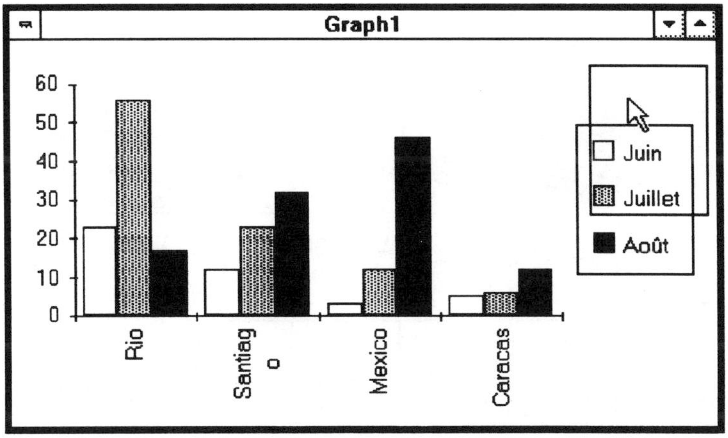

Changer le type de graphique

L'histogramme simple est le **graphique standard** créé par **Excel** lorsque vous ouvrez une fenêtre graphique.

Mais vous disposez de **13 autres types** de graphique, et pour chaque type, de différents **formats prédéfinis**, ce qui vous offre de nombreuses possibilités de présentations.

■ Cliquez dans la barre des menus sur **Présentation** pour choisir un nouveau type :

■ Choisissez **Secteurs 3D**.

Excel ouvre une boîte de dialogue contenant les 7 formats prédéfinis pour ce type de graphique :

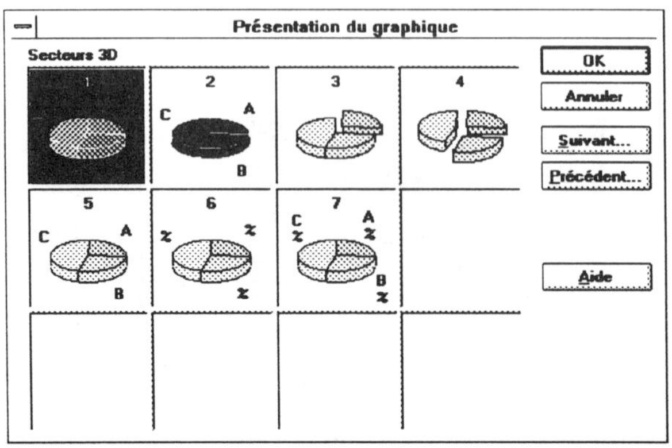

Les boutons **Suivant** et **Précédent** vous permettent d'afficher les autres types du menu **Présentation**.

- Pour l'instant, cliquez sur le format n° **6** et validez la boîte. Vous obtenez :

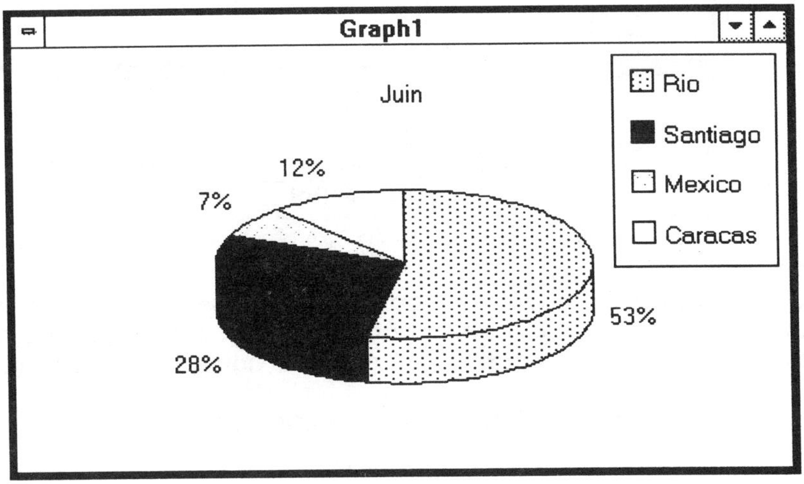

Remarque :

Vous pouvez obtenir directement ce type et ce format de graphique en cliquant, dans la barre d'outils graphique, sur le bouton 

A la différence des autres types de graphique, les graphiques en **secteurs** n'affichent qu'une seule série de données, et sont surtout utiles pour **traduire la relation des parties à un tout**.

Ici, seule la série du mois de **JUIN** est représentée, et vous pouvez examiner **la part respective** des différentes destinations **par rapport** à l'ensemble des ventes de ce mois.

PRESENTATION D'UN GRAPHIQUE 3D

Excel vous permet, pour tous les graphiques en trois dimensions, de modifier l'orientation et l'altitude du graphique :

■ Choisissez **Format** **Vue 3D**, et cliquez plusieurs fois, dans la boîte de dialogue, sur les boutons situés au dessus de la zone **Altitude** et à droite de **Rotation** :

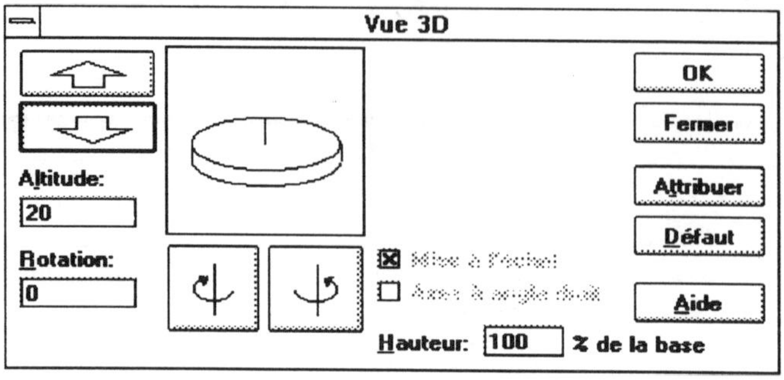

Une fois ces paramètres modifiés, le bouton **Attribuer** vous permet de les répercuter sur le graphique, mais sans sortir de la boîte de dialogue. En la déplaçant, vous pouvez ainsi observer le résultat et procéder à d'autres modifications.

■ Cliquez sur le bouton **OK** une fois vos choix effectués.

Pour la suite de l'exercice, revenez au type de graphique initial :

♦ Cliquez dans la barre d'outils graphique sur 

ou

♦ Choisissez **Présentation** **Histogrammes**, cliquez sur le format n° **1** dans la boîte de dialogue, et validez.

Modifier les séries d'un graphique

SUPPRIMER UNE SERIE

Vous allez supprimer, dans le graphique, l'ensemble des marques de données correspondant à la série du mois de **Juillet**.

Pour supprimer une série, vous devez d'abord la sélectionner.

- Amenez le pointeur sur la deuxième marque de données du graphique, correspondant aux billets vendus pour **RIO** au mois de **JUILLET**, et cliquez.

  Excel sélectionne alors les différentes marques appartenant à la cette série, en y affichant un **petit carré blanc**.

- Choisissez **Edition Effacer**, ou pressez la touche [Suppr] de votre clavier. **Excel** ouvre une boîte de dialogue :

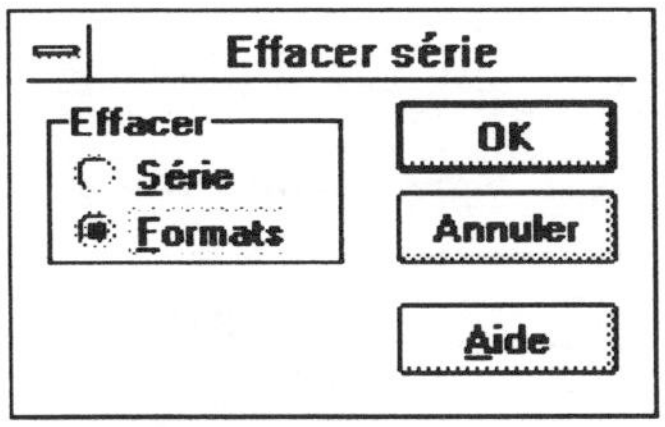

- Activez l'option **Série** et validez la boîte.

Les marques de la série de **Juillet** sont supprimées du graphique :

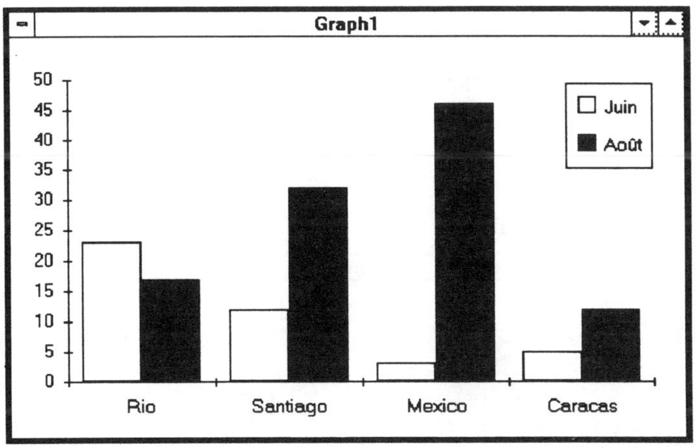

AJOUTER UNE SERIE

Pour ajouter une série, vous devez sélectionner dans la feuille de calcul les cellules correspondant à cette série, puis en faire la copie dans votre graphique :

- Choisissez **Ecran SUD.XLS** pour activer votre feuille de calcul, ou cliquez à un endroit quelconque de cette feuille si elle est visible à l'écran.
- Sélectionnez la plage **D7:D11**, puisque c'est la série du mois de **Juillet** que vous allez réintégrer dans votre graphique :

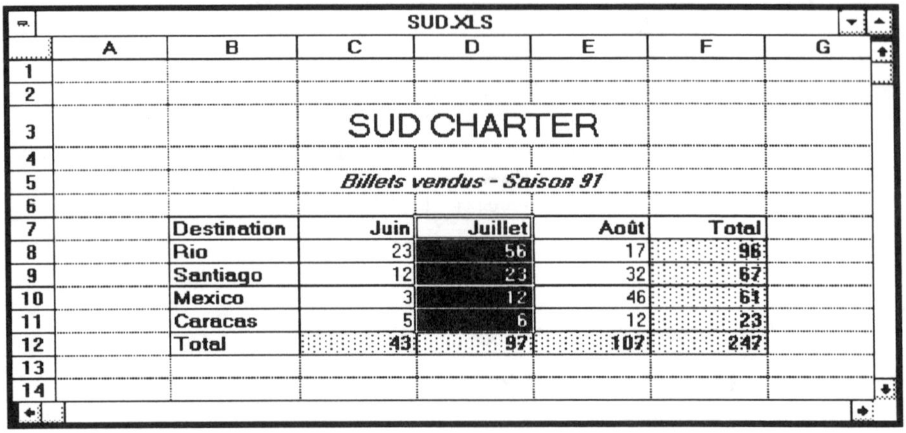
SUD.XLS

	A	B	C	D	E	F	G
1							
2							
3			SUD CHARTER				
4							
5			*Billets vendus - Saison 91*				
6							
7		Destination	Juin	Juillet	Août	Total	
8		Rio	23	56	17	96	
9		Santiago	12	23	32	67	
10		Mexico	3	12	46	61	
11		Caracas	5	6	12	23	
12		Total	43	97	107	247	
13							
14							

- Choisissez **Edition Copier** pour faire une copie de la sélection.
- Choisissez ensuite **Ecran Graph1** pour activer de nouveau la fenêtre graphique, puis **Edition Coller**.

Excel ajoute la série du mois de **Juillet** aux deux précédentes :

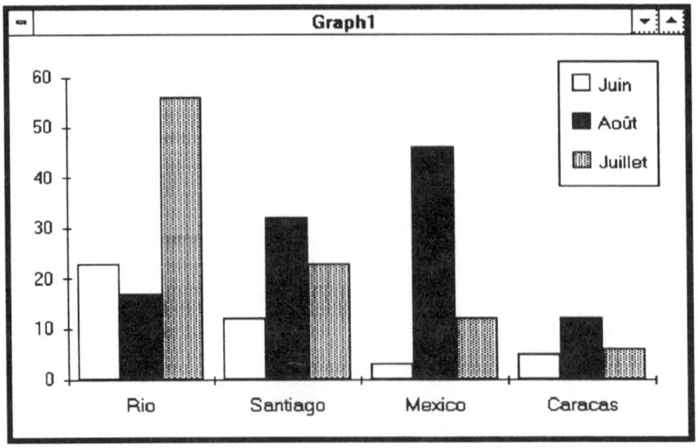

CONTROLE DE L'ORDRE DE TRAÇAGE : LA FONCTION SERIE

Pour tracer chaque série d'un graphique, **Excel** utilise une fonction, la fonction **SERIE**, que vous pouvez visualiser et modifier dans la barre de formule en sélectionnant la série correspondante :

■ Cliquez sur une des marques de la série de **JUIN**, et observez la barre de formule.

La fonction série comprend les quatres arguments suivants :

⇨ Le **nom de la série**, ici la référence à la cellule contenant le texte **"Juin"**, permet à **Excel** de faire apparaître les noms des différentes séries dans la **légende**.

⇨ Les **étiquettes d'abscisses**, ici la référence à la plage de cellules contenant les différentes destinations (Rio, Santiago...), correspondent aux différents noms que vous retrouvez sous **l'axe horizontal** du graphique.

⇨ Les **ordonnées** contiennent les différentes valeurs de chaque marque de la série de données (ici, les quantités de billets vendus au mois de **Juin** pour chaque destination).

⇨ Enfin l'**ordre de traçage** détermine la position des différentes marques de données de la série par rapport aux autres séries. Ici, la série de **Juin** est la première des trois séries tracées.

Vous allez modifier l'ordre de traçage de la série du mois de Juillet, afin de placer ses différentes marques de données en 2ème position, avant celles du mois d'Août :

■ Cliquez sur une des marques de la série de **Juillet** pour la sélectionner.

Excel affiche alors un petit carré blanc dans les marques de **Juillet**, et la barre de formule contient désormais la formule de cette série.

■ Cliquez dans la barre de formule, entre le **3** et la parenthèse **)** à la fin de la formule.

■ Pressez la touche [←] (Retour Arrière) pour supprimer le **3**, tapez "**2**" et validez par [↵].

Vous obtenez :

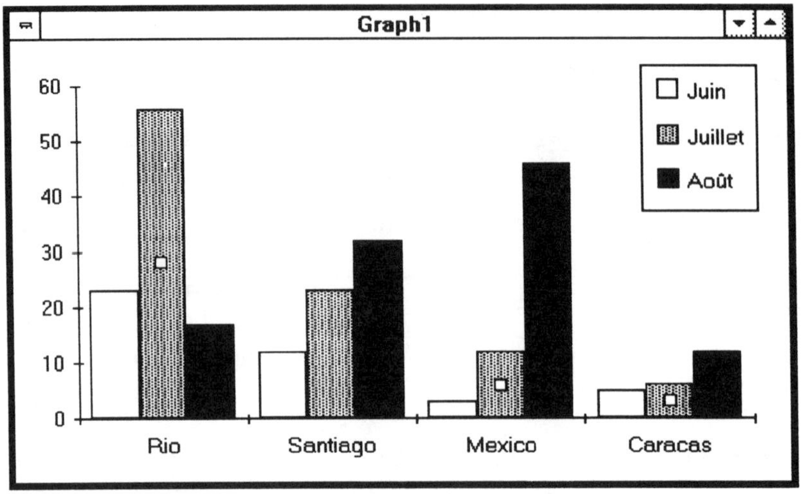

Modifier une marque de données

Lorsque vous créez un graphique, les différentes marques de données du graphique sont liées "**dynamiquement**" aux valeurs de la feuille de calcul.
Si vous modifiez une de ces valeurs dans la feuille, la répercussion sur la marque correspondante dans le graphique est immédiate.

Vous allez par exemple modifier la quantité de billets vendus à destination de Rio au mois de juillet, dont la valeur actuelle est 58 :

■ Choisissez **Ecran SUD.XLS** pour activer la feuille de calcul.

■ Cliquez sur la cellule **D8** contenant cette valeur, tapez "**100**" et validez par [↵].

■ Réaffichez de nouveau votre graphique en choisissant **Ecran GRAPH1.**

Excel a ajusté la 2ème marque du graphique correspondant à cette cellule, et modifié également la valeur maximale de l'axe des ordonnées :

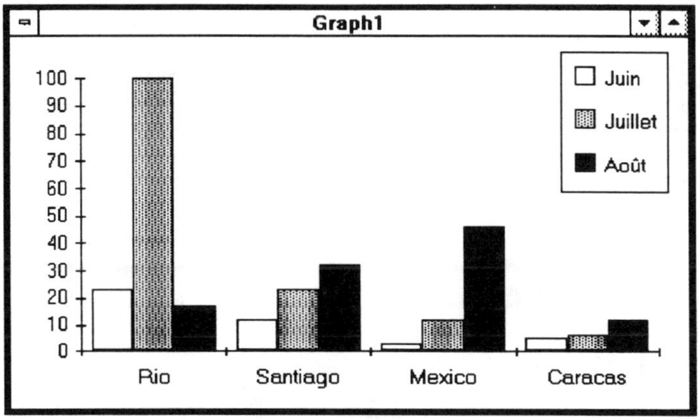

Mais vous pouvez aussi **faire l'opération inverse**, c'est-à-dire modifier une valeur de la feuille **en modifiant directement la marque de données** correspondante dans le graphique :

Pour sélectionner la marque de données à modifier :

- Pressez la touche [Ctrl] et, sans la relâcher, cliquez sur la deuxième marque de données.

  Des carrés blancs entourent la marque sélectionnée, et un petit carré noir apparaît en haut de la marque :

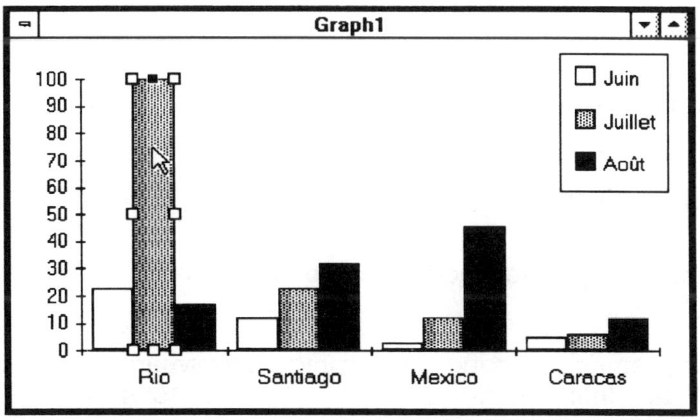

- Pointez ce carré noir, cliquez sur le bouton **gauche** de la souris, et sans le relâcher, déplacez la souris vers le bas de manière à faire apparaître la valeur **58** à l'extrême gauche de la barre de formule :

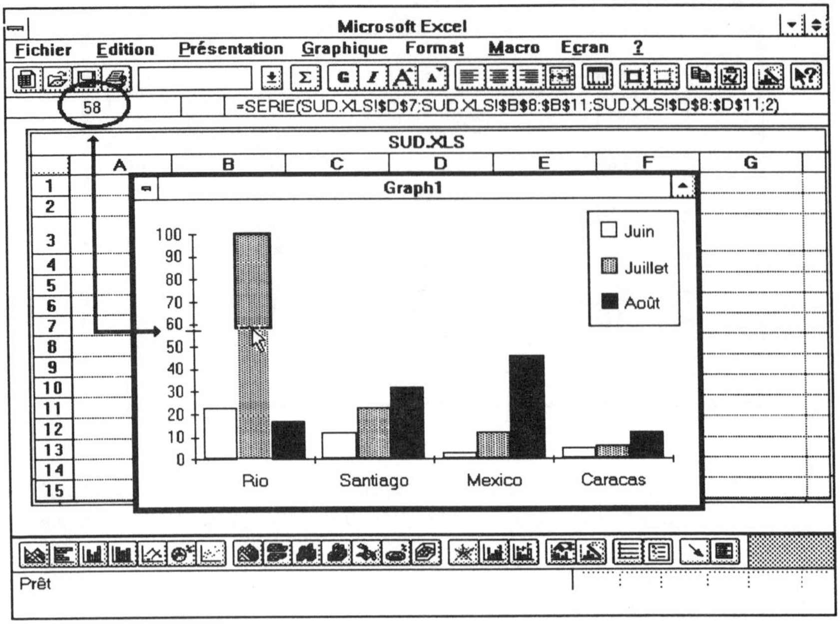

■ Relâchez le bouton de la souris.

Excel ajuste la marque et l'axe des ordonnées à cette nouvelle valeur, et vous pourriez constater en activant la feuille de calcul, que la cellule correspondante **D8** a également été modifiée.

Mise en forme d'un graphique

FORMATAGE DES SERIES

Pour chaque série, vous pouvez modifier **le contour et l'aire** de ses différentes marques de données.

■ Cliquez sur la première marque du graphique, représentant les billets vendus pour **Rio** au mois de **Juin**, afin de sélectionner toute la série **Juin**.

■ Choisissez ensuite la commande **Format Motifs**.

■ Dans la boîte de dialogue, cliquez sur la flèche basse de la boîte à liste déroulante **Motif**, et choisissez par exemple les barres horizontales :

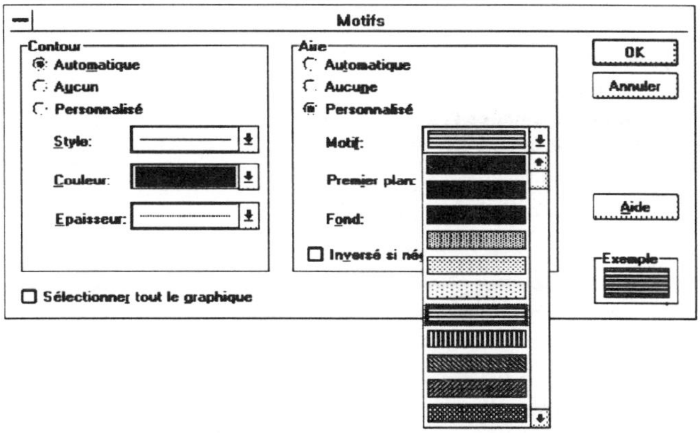

■ Validez la boîte de dialogue. Vous obtenez :

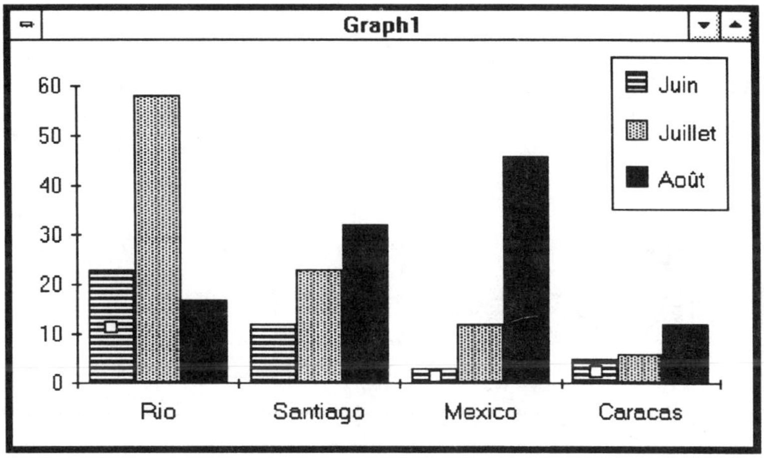

☞ **TRES UTILE !**

Pour ouvrir la commande **Format Motifs**, vous pouvez aussi **double cliquer** directement sur l'une des marques de la série à mettre en forme.

AJOUTER DU TEXTE

■ Choisissez la commande **Graphique Ajouter du texte**.
Excel ouvre une boîte vous demandant quel type de texte vous voulez ajouter :

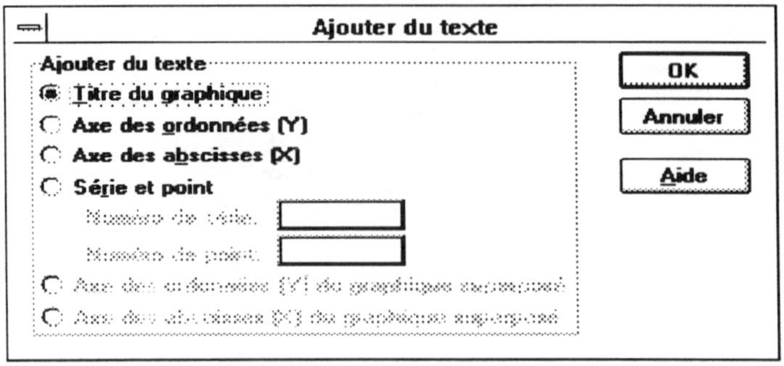

■ Laissez active l'option **Titre du graphique** et validez par [↵]. Vous obtenez :

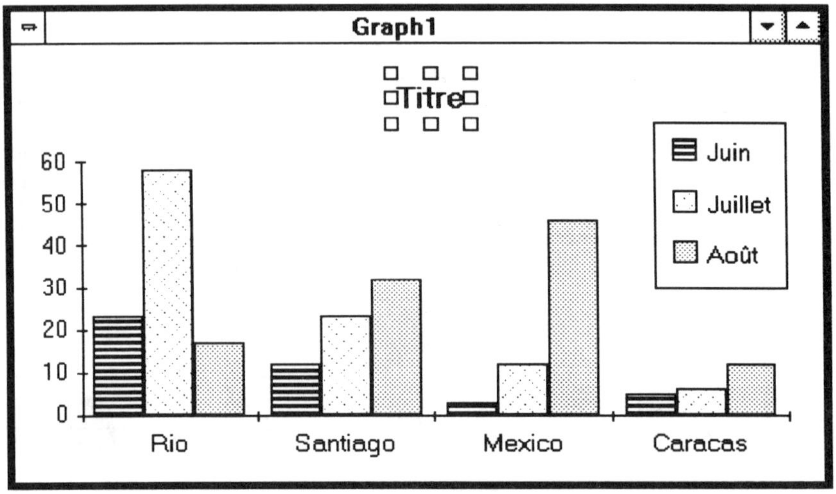

■ Tapez ensuite directement au clavier "**Saison 91**". Le texte saisi apparaît dans la barre de formule.

■ Validez par [↵] pour l'insérer à la place de "**Titre**".

Mettez en forme ce texte :

◆ **Double cliquez** sur "**Saison 91**"

ou

◆ Choisissez **Format Motifs**.

■ Activez en bas de la zone **Contour** la case à cocher **Ombré** :

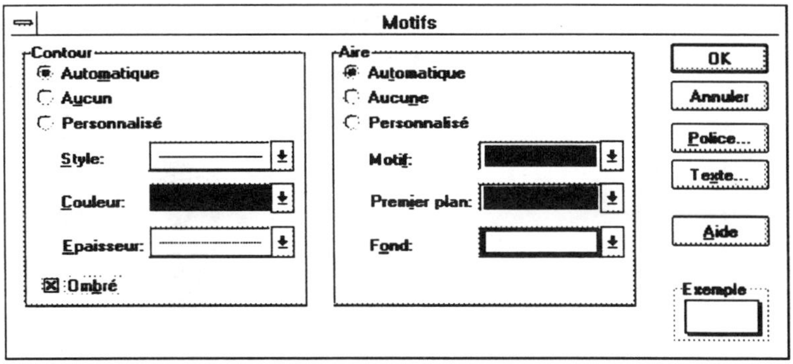

Le bouton **Police** vous permet de choisir une autre police ou taille de caractères, le bouton **Texte** de modifier la position et l'orientation du texte.

■ Validez par [↵]. Vous obtenez :

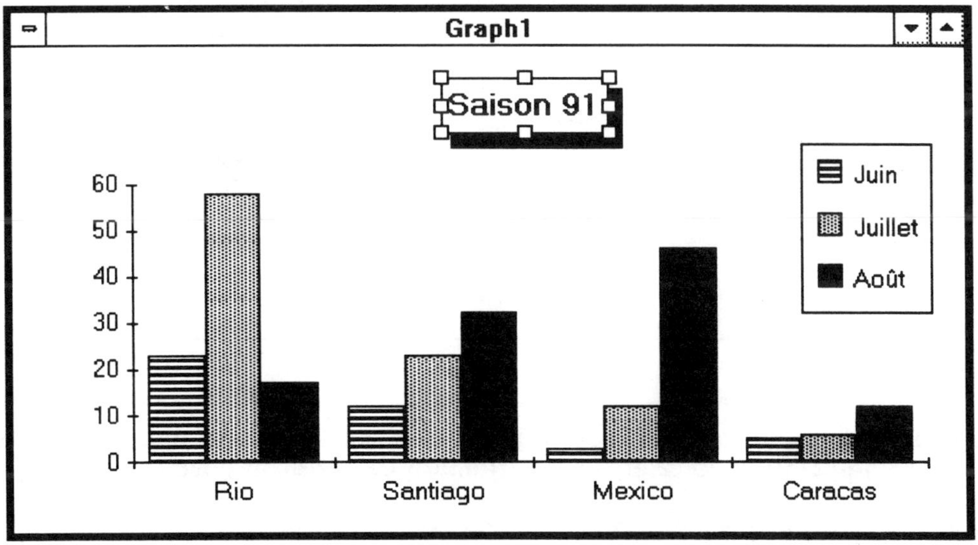

Vous allez maintenant ajouter au-dessus de la deuxième marque de données de votre graphique (1ère marque de la série Juillet) sa valeur correspondante :

■ Pressez la touche [Ctrl] et sans la relâcher, cliquez sur la seconde marque pour la sélectionner :

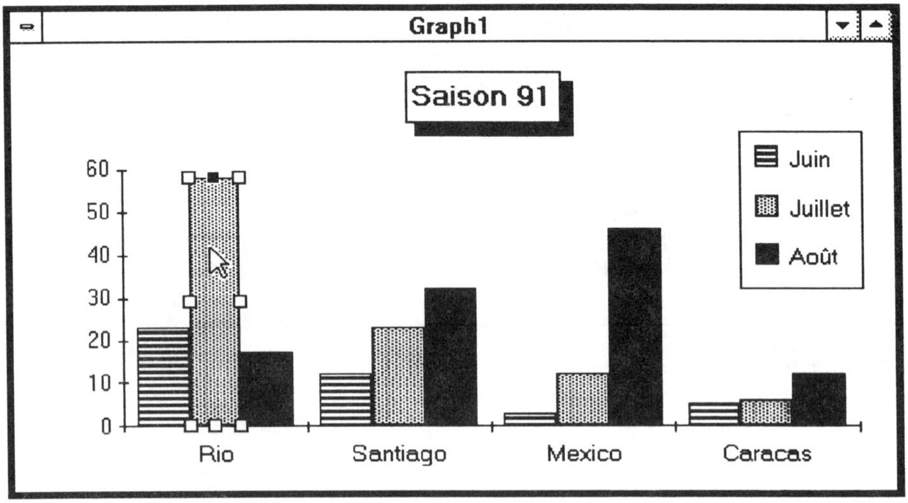

■ Choisissez **Graphique** **Ajouter du texte**. **Excel** ouvre la boîte suivante :

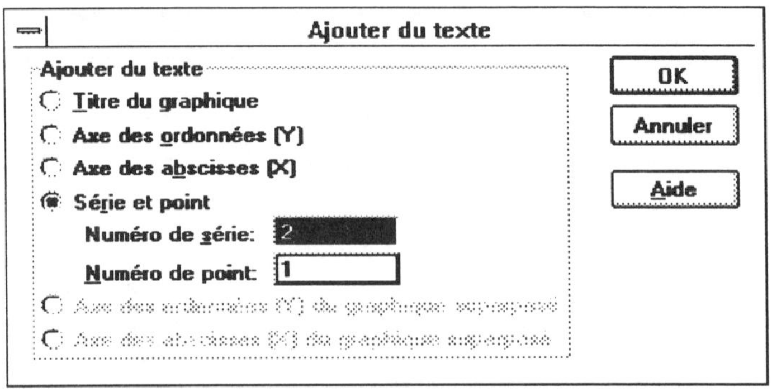

■ Assurez-vous que le texte à ajouter porte bien sur la **1** ère marque de données (**Numéro de point**) de la **2** ème série (**Numéro de série**), et validez par [↵].

Excel ajoute le texte "**58**" juste au dessus de cette marque.

Afin d'attirer l'attention sur ce résultat, vous allez placer un texte indépendant dans votre graphique, c'est-à-dire un texte que vous pourrez, à la différence des deux précédents, "déplacer".

- Pressez la touche [Echap] pour désélectionner le texte "**58**".
- Tapez directement au clavier "**Meilleure vente**". A mesure de votre saisie, le texte apparaît dans la barre de formule.
- Validez l'entrée par [↵] pour incorporer ce texte au graphique.

Déplacez ensuite ce texte pour l'amener au centre du graphique :

- Cliquez sur "**Meilleure vente**" et sans relâcher le bouton de la souris, déplacez le cadre vers le centre du graphique :

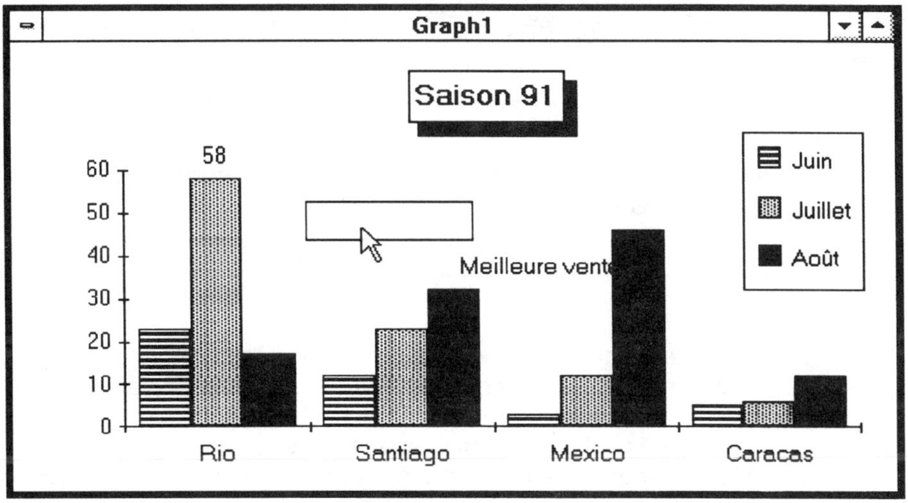

- Relâchez le bouton lorsque votre cadre est à la position souhaitée.

AJOUTER UNE FLECHE

- Choisissez **Graphique Ajouter une flèche** ou cliquez, dans la barre d'outils graphique, sur le bouton [↘]

Excel place la flèche au milieu du graphique et la sélectionne.

- Cliquez sur le **carré noir** situé à la **tête** de la flèche, et sans relâcher le bouton, déplacez cette tête à la position souhaitée :

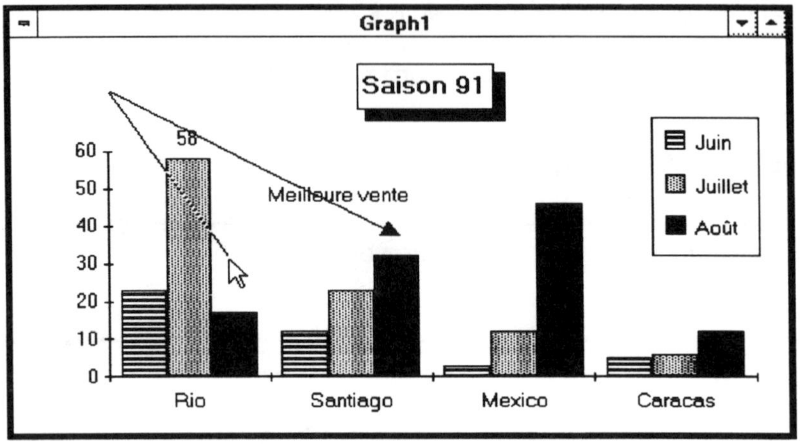

- Relâchez le bouton, et procédez de même avec l'autre extrémité de la flèche pour la placer sous le texte "`meilleur vente`".

❑ **Remarque :**

- Si vous cliquez sur le corps de la flèche et non sur une de ses extrémités, c'est la flèche elle-même que vous déplacerez.
- En double cliquant sur cette flèche ou en choisissant **Format Motifs**, vous pourrez mettre en forme le corps et la tête de la flèche.

QUADRILLER LA ZONE DE TRAÇAGE

- Choisissez **Graphique Quadrillage** puis activez, dans la boîte de dialogue, la case **Quadrillage principal** de la zone **Axe des ordonnées (Y)** :

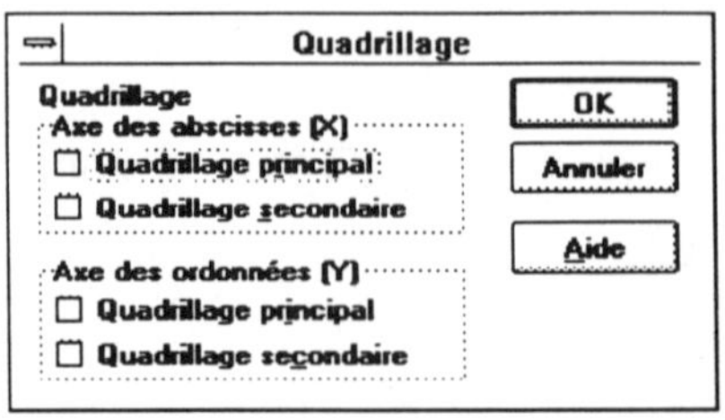

■ Validez la boîte. Vous obtenez :

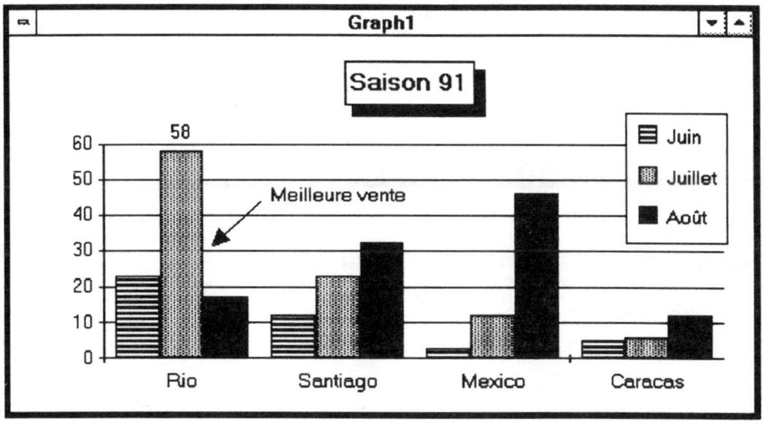

Remarque :

Vous pouvez obtenir directement ce quadrillage, ou l'ôter, en cliquant, dans la barre d'outils graphique, sur le bouton

Sauvegarde d'un graphique

Une fois mis en forme les différents éléments de votre graphique, vous pouvez le sauvegarder comme un document séparé, ou bien l'intégrer directement sous forme d'**objet graphique** dans votre feuille de calcul.

ENREGISTRER LE GRAPHIQUE COMME UN DOCUMENT SEPARE

■ Choisissez **Fichier Enregistrer sous.**

Excel vous propose par défaut le nom **GRAPH1** avec l'extension **.XLC** propre aux documents graphiques.

■ Tapez "**SAISON91**" et validez par [↵].

Le nom **SAISON91.XLC** apparaît maintenant dans la barre de titre de votre fenêtre, et vous pouvez désormais la fermer ou l'ouvrir comme n'importe quel document d'**Excel**.

INCORPORER LE GRAPHIQUE DANS LA FEUILLE

■ Choisissez **Graphique Sélectionner le graphique**.
Excel entoure l'ensemble du graphique de carrés blancs pour le sélectionner.

■ Faites une copie de cette sélection en choisissant **Edition Copier**.

■ Activez la feuille de calcul à l'aide du menu **Ecran**, en choisissant **SUD.XLS**.

■ Déplacez-vous à l'aide de la barre de défilement vertical, et cliquez sur la cellule **A34** pour placer votre graphique sous le dernier tableau :

■ Choisissez **Edition Coller**.

Excel insère le graphique dans votre feuille de calcul :

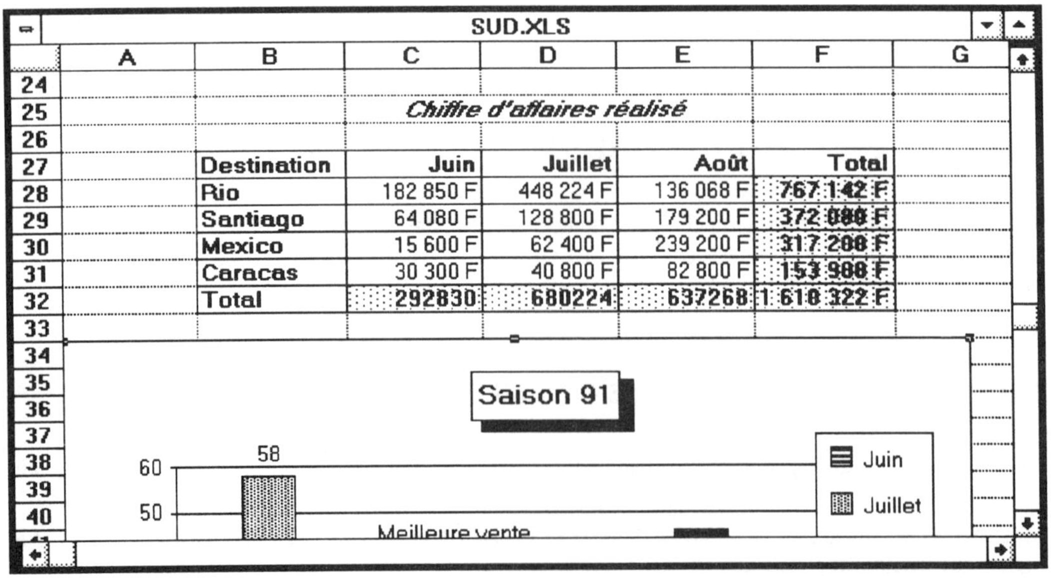

Afin de mieux visualiser cette insertion, agrandissez la fenêtre à sa taille maximale :

- Cliquez dans la barre de titre sur le bouton d'**agrandissement** 

Manipuler des objets graphiques

Vous allez réduire ce graphique incorporé, de manière à y juxtaposer une zone de texte :

- Cliquez sur la flèche basse de la barre de défilement vertical afin de visualiser le bas du graphique.

- Pointez le carré noir en bas et à droite du graphique.

- Lorsque le pointeur prend la forme double flèche diagonale, cliquez et sans relâcher le bouton, réduisez le cadre à l'aplomb de la ligne **44** et de la colonne **E** :

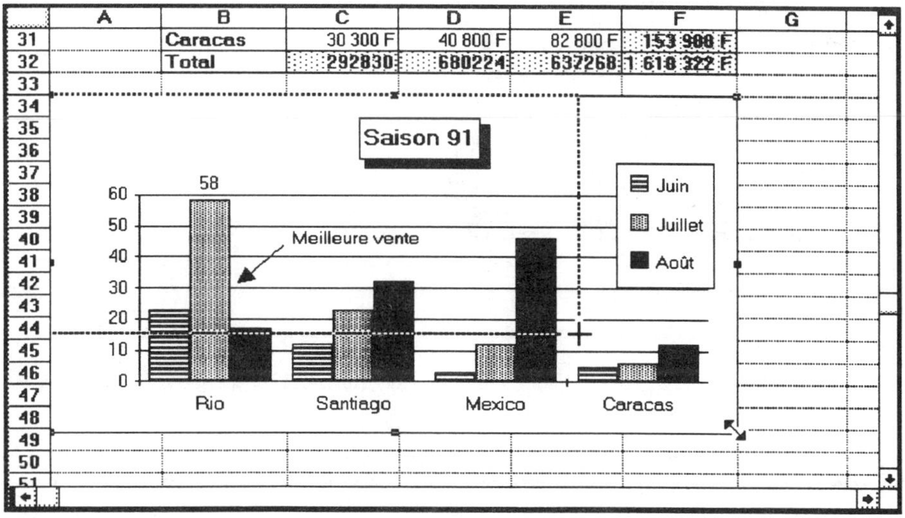

- Relâchez le bouton.

INCORPORER UNE ZONE DE TEXTE

Excel vous permet d'incorporer des zones de texte dans votre feuille de calcul, dans lesquelles vous pouvez saisir et mettre en forme du texte comme dans un véritable traitement de texte :

- Cliquez, tout-à-fait à droite de la barre graphique, sur le bouton 

❑ **Remarque :**

Il est possible que vous n'ayez plus de barre d'outils graphique si votre graphique n'est plus sélectionné. Faîtes-en de nouveau la sélection dans ce cas, en cliquant une fois au milieu du graphique.

- Cliquez sur la cellule **F34** et, sans relâcher le bouton, amenez le pointeur en forme de croix sur la cellule **G44** :

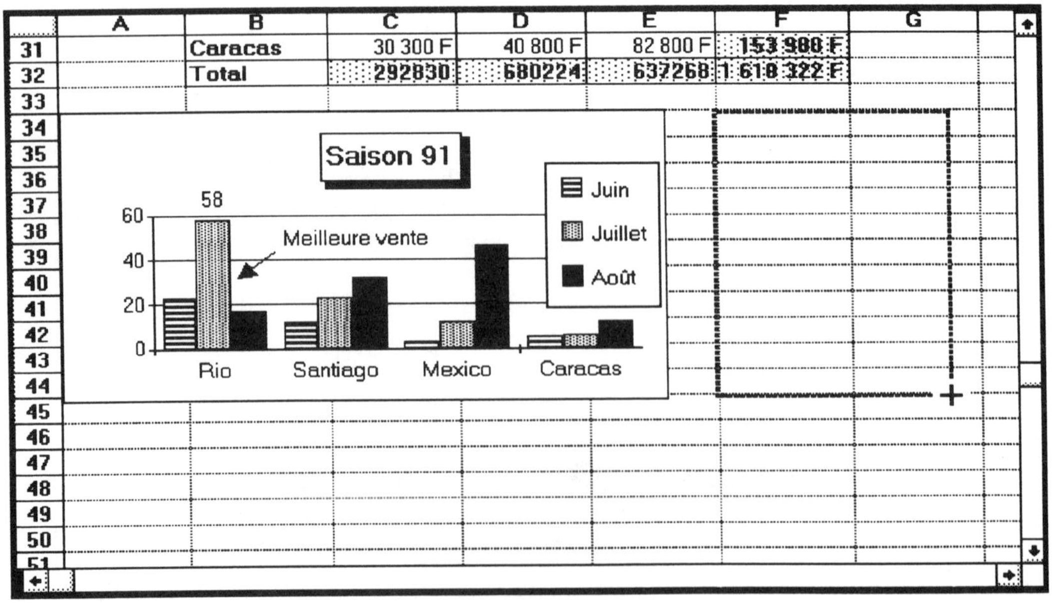

- Relâchez le bouton.

Le curseur clignotant dans la zone de texte attend votre saisie :

■ Tapez le texte suivant, sans vous soucier du retour à la ligne qui est automatique :

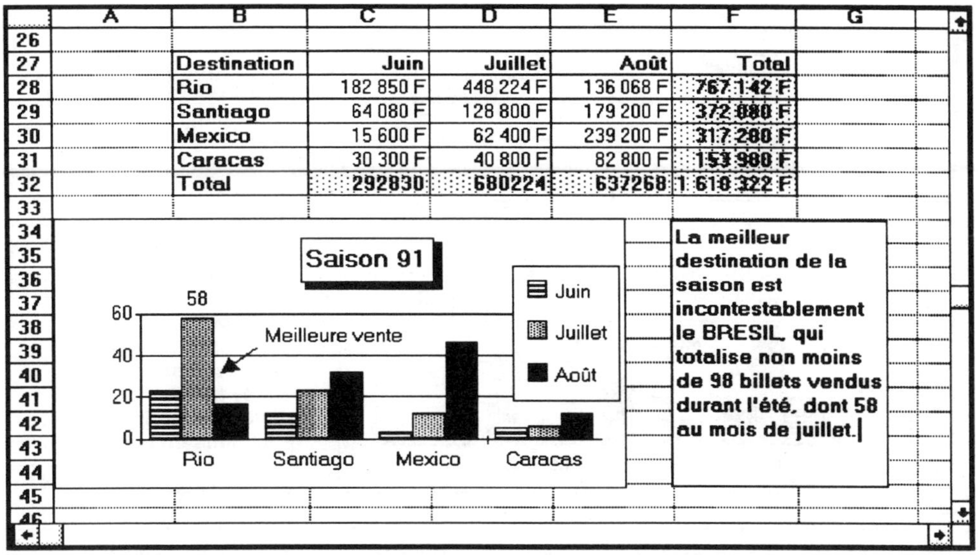

	A	B	C	D	E	F	G
27		Destination	Juin	Juillet	Août	Total	
28		Rio	182 850 F	448 224 F	136 068 F	767 142 F	
29		Santiago	64 080 F	128 800 F	179 200 F	372 080 F	
30		Mexico	15 600 F	62 400 F	239 200 F	317 200 F	
31		Caracas	30 300 F	40 800 F	82 800 F	153 900 F	
32		Total	292830	680224	637268	1 610 322 F	

Vous pouvez utiliser **différentes polices** ou tailles de caractères dans cette zone de texte. Il suffit simplement de **sélectionner** les caractères à mettre en forme, puis d'utiliser ensuite la commande **Format Police**.

Pour l'instant, vous allez centrer ce texte horizontalement et verticalement :

■ Choisissez **Format Texte**.

■ Activez les options **Centré** dans les zones **Horizontal** et **Vertical** de la boîte de dialogue :

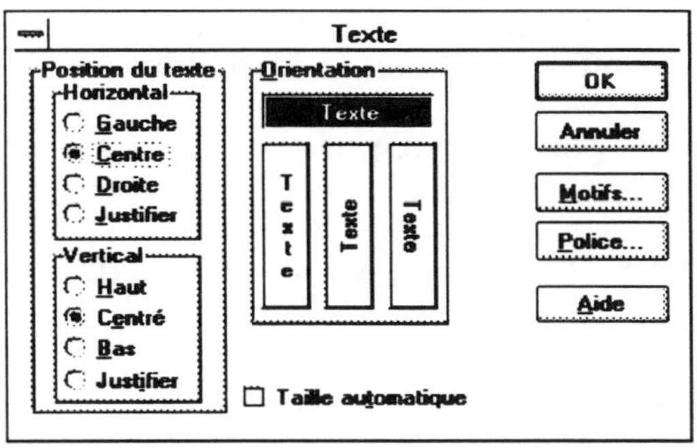

- Validez la boîte. Vous obtenez :

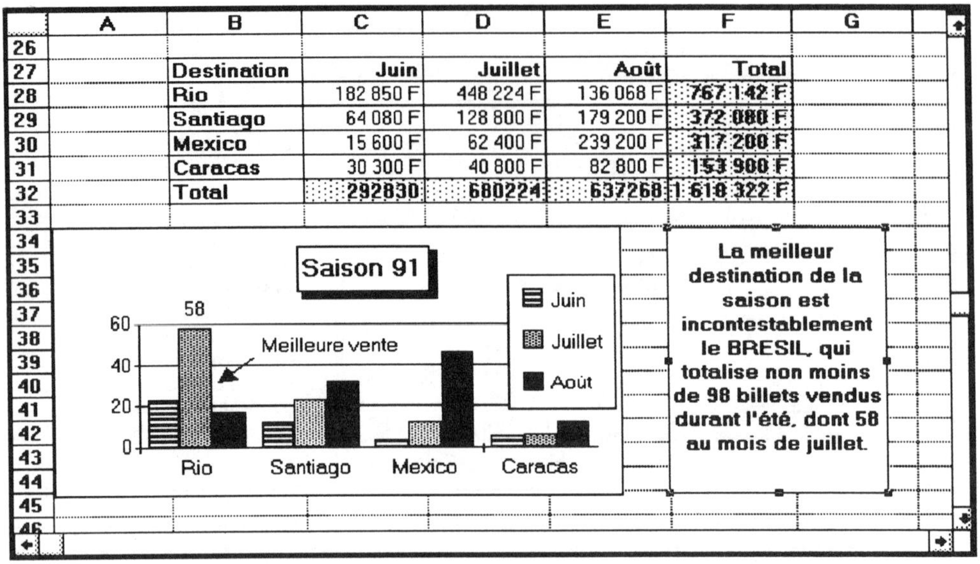

Destination	Juin	Juillet	Août	Total
Rio	182 850 F	448 224 F	136 068 F	767 142 F
Santiago	64 080 F	128 800 F	179 200 F	372 080 F
Mexico	15 600 F	62 400 F	239 200 F	317 200 F
Caracas	30 300 F	40 800 F	82 800 F	153 900 F
Total	292830	680224	637268	1 618 322 F

- Cliquez sur une cellue quelconque pour désélectionner la zone de texte.

LES OUTILS DE DESSIN

Excel dispose d'une nouvelle barre d'outils vous permettant de tracer, à votre guise, des droites, des rectangles, des ovale, des courbes, ou encore de dessiner à main levée, et ce à un endroit quelconque de la feuille de calcul.

Ils peuvent être très utiles pour mettre, par exemple, un résultat en évidence :

- Ouvrez la commande **Options Barres d'outils**, cliquez sur **Dessin** puis sur le bouton **Afficher**.
- Pressez simultanément les touches [Ctrl] [↖] pour remonter sur le premier tableau de la feuille de calcul.

- Cliquez dans cette barre d'outils sur le bouton
- Amenez le pointeur à l'extrême droite de la cellule **B4**. Il a maintenant la forme d'une croix.
- Cliquez et, sans relâcher le bouton, déplacez-vous vers la droite et légèrement vers le bas de manière à obtenir :

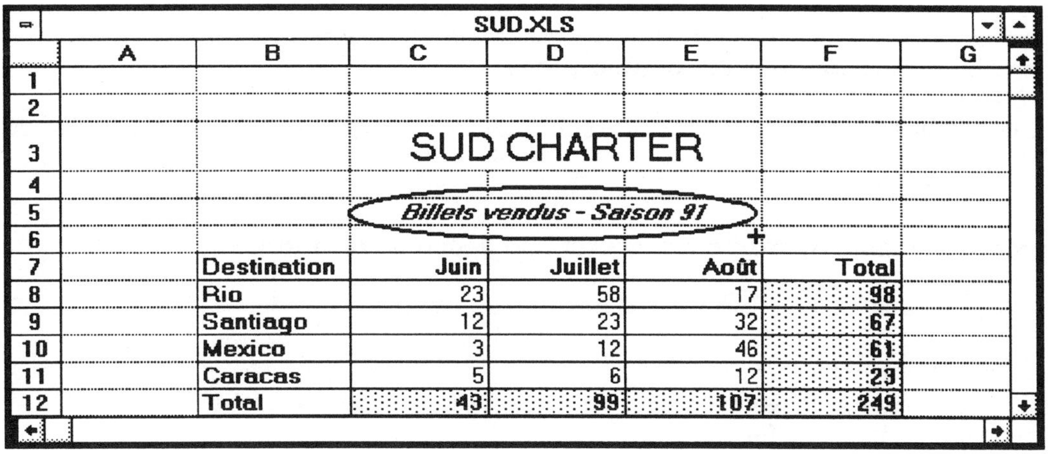
SUD.XLS

	A	B	C	D	E	F	G
1							
2							
3			SUD CHARTER				
4							
5			*Billets vendus - Saison 91*				
6							
7		Destination	Juin	Juillet	Août	Total	
8		Rio	23	58	17	98	
9		Santiago	12	23	32	67	
10		Mexico	3	12	46	61	
11		Caracas	5	6	12	23	
12		Total	43	99	107	249	

- Relâchez le bouton. Votre **objet graphique** est tracé, et **Excel** l'entoure de poignées noires pour le sélectionner.

Vous pouvez maintenant le mettre en forme, pour modifier, par exemple, la couleur ou l'épaisseur de la corde :

- Choisissez **Format Motifs**, ou **double cliquez** sur l'une des poignées de sélection, puis faîtes vos différents choix dans la boîte de dialogue.

DEPLACER ET DEFORMER UN OBJET GRAPHIQUE

Si votre ovale n'entoure pas parfaitement le titre du tableau, déplacez-le :

- Pointez l'objet de manière à ce que **le pointeur ait la forme d'une flèche**.

- Cliquez et, sans relâcher le bouton de la souris, déplacez le cadre de l'objet à la position souhaitée.

- Relâchez une fois le résultat obtenu.

Mais vous pouvez également le **déformer**, pour lui donner par exemple la forme d'un cercle :

- Pointez un des carrés noirs, **les poignées de sélection**, de manière à ce que **le pointeur ait la forme d'une double flèche**.

- Cliquez et déformez l'objet à votre guise avant de relâcher le bouton de la souris.

Tracez maintenant un trait pour ajouter une flèche dans le tableau :

- Cliquez dans la barre d'outils **Dessin** sur le bouton 

- Cliquez ensuite à l'extrême droite de l'ovale et, sans relâcher, étirez le trait en pointant la cellule **F8** :

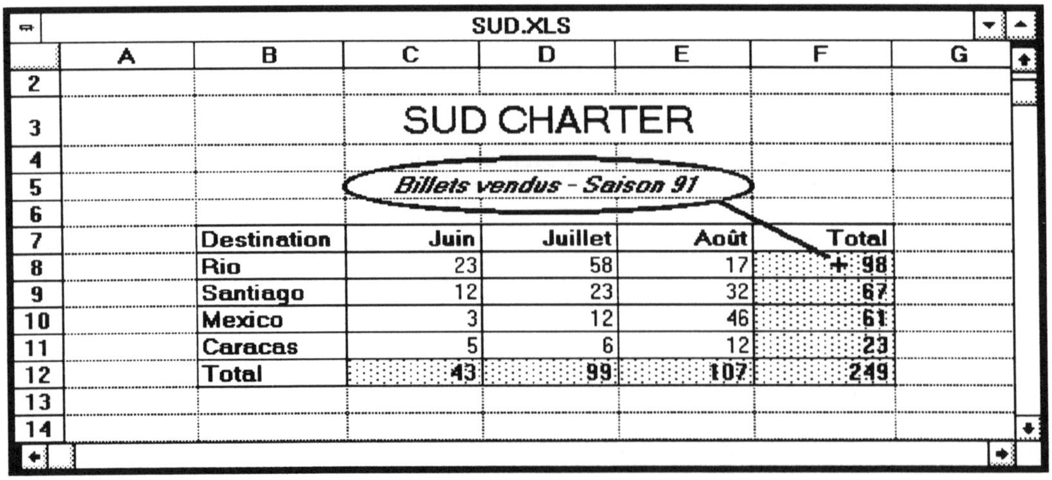

	A	B	C	D	E	F	G
2							
3			SUD CHARTER				
4							
5			Billets vendus - Saison 91				
6							
7		Destination	Juin	Juillet	Août	Total	
8		Rio	23	58	17	98	
9		Santiago	12	23	32	67	
10		Mexico	3	12	46	61	
11		Caracas	5	6	12	23	
12		Total	43	99	107	249	
13							
14							

- Relâchez le bouton.

SUPPRIMER UN OBJET GRAPHIQUE

Pour supprimer un objet graphique, tracé de formes, zone de texte ou graphique incorporé :

- Cliquez sur l'objet pour le sélectionner.
- Pressez ensuite simplement la touche [Suppr] du clavier.

❑ **Remarque :**

Pour supprimer tous les objets graphiques d'une feuille, sélectionnez-les tous en une seule opération par la commande **Sélection Cellules**, en activant l'option **Objets**.

Vous pouvez maintenant quitter **Excel**, en utilisant la commande **Fichier Quitter**, et en répondant aux différentes demandes de sauvegarde.

ANNEXE 1

LES DIFFERENTS MENUS DE COMMANDE

Menus de la feuille de calcul

Fichier

- Nouveau document...
- Ouvrir... Ctrl+F12
- Fermer
- Liaisons...

- Enregistrer Maj+F12
- Enregistrer sous... F12
- Enregistrer un classeur...
- Supprimer...

- Aperçu avant impression
- Mise en page...
- Imprimer... Ctrl+Maj+F12
- Imprimer un rapport...

- Liste de fichiers

- Quitter Alt+F4

Edition

- Annuler
- Répéter

- Couper Ctrl+X
- Copier Ctrl+C
- Coller Ctrl+V
- Effacer... Suppr
- Collage spécial...
- Coller avec liaison

- Supprimer...
- Insérer...
- Insérer un objet...

- Recopier à droite Ctrl+D
- Recopier vers le bas Ctrl+B

Sélection

- Coller un nom...
- Coller une fonction...

- Définir un nom...
- Nommer lignes et colonnes...
- Attribuer un nom...

- Commentaires...

- Atteindre... F5
- Rechercher... Maj+F5
- Remplacer...
- Cellules...
- Afficher la cellule active

- Plan...
- Valeur cible...
- Gestionnaire de scénarios...

Format

- Nombre...
- Position...
- Police...
- Encadrement...
- Motifs...
- Protection des cellules...

- Style...
- Format automatique...

- Hauteur de ligne...
- Largeur de colonne...

- Justification

- Premier plan
- Arrière-plan
- Grouper
- Propriétés de l'objet...

ANNEXE 1 : Menus de la feuille de calcul

Données

- Grille...

- Rechercher
- Extraire...
- Supprimer
- Base de données
- Zone de critères
- Zone d'extraction

- Trier...

- Série...
- Table...
- Redistribuer...
- Consolider...
- Tableaux croisés...

Options

- Zone d'impression
- Impression des titres...
- Insérer un saut de page

- Affichage...
- Barres d'outils...
- Palette de couleurs...

- Protéger le document...

- Mode de calcul...
- Environnement...
- Macros complémentaires...

- Vérificateur d'orthographe...

- Groupe de travail...

Macro

- Exécuter...
- Enregistrer...

- Démarrer l'enregistrement
- Zone d'enregistrement
- Enregistrement relatif
- Affecter à l'objet...
- Reprendre

Ecran

- Nouvelle fenêtre
- Réorganiser...
- Masquer le document
- Afficher le document...
- Vues...

- Partager
- Figer les volets
- Zoom...

- √1 Feuil2

?

- Index F1
- Rechercher...
- Support technique

- Présentation de Microsoft Excel
- Apprendre Microsoft Excel

- Lotus 1-2-3...
- Multiplan...

- A propos de Microsoft Excel...

Menus de la feuille graphique

Fichier

Nouveau document...	
Ouvrir...	Ctrl+F12
Fermer	
Liaisons...	
Enregistrer	Maj+F12
Enregistrer sous...	F12
Enregistrer un classeur...	
Supprimer...	
Aperçu avant impression	
Mise en page...	
Imprimer...	Ctrl+Maj+F12
Imprimer un rapport...	
Liste de fichiers	
Quitter	Alt+F4

Edition

Impossible d'annuler	
Répéter Nouveau document	
Couper	Ctrl+X
Copier	Ctrl+C
Coller	Ctrl+V
Effacer	Suppr
Collage spécial...	

Présentation

- Aires...
- Barres...
- ✓ Histogrammes...
- Courbes...
- Secteurs...
- Radar...
- Nuages de points (XY)...
- Combinaisons...
- Aires 3D...
- Barres 3D...
- Histogrammes 3D...
- Courbes 3D...
- Secteurs 3D...
- Surface 3D...
- Graphique standard
- Définir un graphique standard

Graphique

- Ajouter du texte...
- Ajouter une flèche
- Ajouter une légende
- Axes...
- Quadrillage...
- Superposition
- Modifier les séries...
- Sélectionner le graphique
- Sélectionner la zone de traçage
- Protéger le document...
- Palette de couleurs...
- Calculer maintenant
- Vérificateur d'orthographe...

Format

- Motifs...
- Police...
- Texte...
- Echelle...
- Légende...

- Graphique principal...
- Graphique superposé...
- Vue 3D...

- Déplacement
- Dimension

Macro

- Exécuter...
- Enregistrer...

- Démarrer l'enregistrement
- Reprendre

Ecran

- Réorganiser...

- Masquer le document
- Afficher le document...

- 1 Feuil2
- ✓ 2 Graph1

?

- Index F1
- Rechercher...
- Support technique

- Présentation de Microsoft Excel
- Apprendre Microsoft Excel

- Lotus 1-2-3...
- Multiplan...

- A propos de Microsoft Excel...

❖ ATTENTION !

- Lorsque les commandes n'apparaissent pas en caractères noirs pleins, elles ne sont pas disponibles dans l'état actuel de votre travail.

- En fonction de vos choix au moment de l'installation d'Excel, il est possible que certaines commandes n'apparaissent pas dans vos menus. Dans ce cas, vous devez relancer la procédure d'installation pour pouvoir en disposer.

ANNEXE 2

LES DIFFERENTES BARRES D'OUTILS

La barre d'outils standard

Crée une nouvelle feuille de calcul.

Ouvre la boîte de dialogue de **Fichier Ouvrir**.

Enregistre les modifications apportées au document actif.

Ouvre la boîte de dialogue de **Fichier Imprimer**.

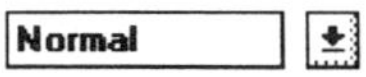

Permet d'appliquer un style de mise en forme prédéfini aux cellules sélectionnées.

Insère la fonction **Somme** en suggérant une plage de sommation.

Met en gras les cellules sélectionnées.

Met en italique les cellules sélectionnées.

Augmente la taille de la police des cellules sélectionnées.

Diminue la taille de la police des cellules sélectionnées.

Aligne à gauche le contenu des cellules sélectionnées.

Centre le contenu des cellules sélectionnées.

Aligne à droite le contenu des cellules sélectionnées.

Centre le contenu de la cellule active sur le reste de la sélection.

Applique le dernier format utilisé de la commande **Format Format automatique**.

Encadre les cellules sélectionnées.

Ajoute une ligne en bas de toutes les cellules sélectionnées.

Fait une copie des cellules sélectionnées dans le presse-papiers.

Colle, sur la sélection, uniquement le format des cellules copiées, sans leur valeur.

Lance l'assistant graphique, pour modifier le graphique sélectionné ou en créer un nouveau.

Permet d'obtenir une aide contextuelle, en cliquant sur un élément donné de l'écran.

La barre d'outils Utilitaire

Annule la dernière action ou commande.

Répète la dernière action ou commande.

ANNEXE 2 : Les différentes barres d'outils

Copie les cellules sélectionnées dans le presse-papiers.

Colle uniquement, dans la sélection, les valeurs des cellules copiées, sans leur mise en forme.

Colle uniquement, dans la sélection, la mise en forme des cellules copiées, sans leur valeur.

Grossit la taille d'affichage du document actif.

Diminue la taille d'affichage du document actif.

Trie les cellules sélectionnées dans l'ordre croissant, en se basant sur la colonne de la cellule active.

Trie les cellules sélectionnées dans l'ordre décroissant, en se basant sur la colonne de la cellule active.

Verrouille l'état de protection des cellules sélectionnées.

Augmente d'un niveau de plan les cellules sélectionnées.

Diminue d'un niveau de plan les cellules sélectionnées.

Affiche ou masque les boutons de niveau du plan.

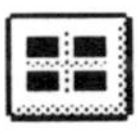

En mode plan, sélectionne uniquement les cellules visibles dans une sélection.

Permet de dessiner un bouton macro.

Permet de dessiner une zone de texte.

ANNEXE 2 : Les différentes barres d'outils

Prend une photo de la sélection pour l'insérer dans la feuille.

Démarre la vérification orthographique du document ou de la barre de formule.

Définit comme zone d'impression la plage de cellules sélectionnée.

Lance le calcul manuel lorsque le calcul automatique est désactivé.

La barre d'outils Dessin

Permet de dessiner un trait.

Permet de tracer une flèche.

Permet de dessiner un trait continu à main levée.

Permet de tracer un rectangle.

Permet de tracer un ovale.

Permet de tracer un arc.

Permet de tracer un polygone.

Permet de tracer un rectangle plein.

ANNEXE 2 : Les différentes barres d'outils

Permet de tracer un ovale plein.

Permet de tracer un arc plein.

Permet de tracer un polygone plein.

Permet de dessiner une zone de texte.

Permet de sélectionner plusieurs objets graphiques.

Permet de modifier la forme d'un polygone.

Regroupe les objets sélectionnés en un seul.

Sépare les objets sélectionnés et déjà groupés en plusieurs objets individuels.

Place en premier plan les objets sélectionnés.

Place en arrière plan les objets sélectionnés.

Affecte une couleur de fond aux cellules ou objets sélectionnés.

Affecte un cadre ombré aux cellules ou objets sélectionnés.

La barre d'outils Graphique

 Crée un graphique en aires.

 Crée un graphique à barres simples.

 Crée un graphique en histogramme simple.

 Crée un graphique en histogramme empilé.

 Crée un graphique en courbes.

 Crée un graphique en secteurs.

 Crée un graphique en nuages de point (XY).

 Crée un graphique en aires 3D.

 Crée un graphique à barres 3D.

 Crée un histogramme 3D.

 Crée un histogramme 3D en perspective.

 Crée un graphique en courbes 3D, ou ruban.

 Crée un graphique en secteurs 3D avec pourcentage.

Crée un graphique en surface 3D.

Crée un graphique en radar.

Crée un graphique de combinaisons courbe/histogramme.

Crée un graphique de type boursier.

Permet d'incorporer dans la feuille un graphique au format standard.

Démarre l'assistant graphique pour modifier ou créer un graphique incorporé.

Ajoute ou supprime le quadrillage principal de l'axe des ordonnées.

Ajoute ou supprime la légende du graphique.

Incorpore une flèche dans le graphique.

Ajoute un texte indépendant, donc déplaçable, dans le graphique.

La barre d'outils Format

Permet d'appliquer un style de mise en forme aux cellules sélectionnées.

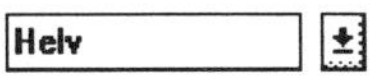

Permet d'affecter une nouvelle police de caractères à la sélection.

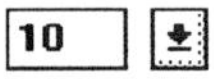
Permet de modifier la taille des polices de la sélection.

Met en gras le contenu des cellules sélectionnées.

Met en italique le contenu des cellules sélectionnées.

Souligne le contenu des cellules sélectionnées.

Barre le texte des cellules sélectionnées.

Aligne à gauche et à droite le contenu de la sélection.

Applique le format monétaire aux cellules sélectionnées.

Applique le format pourcentage aux cellules sélectionnées.

Applique le format millier aux cellules sélectionnées.

Affecte une décimale supplémentaire au format des cellules sélectionnées.

Supprime une décimale dans le format des cellules sélectionnées.

Applique un ombrage clair à la sélection.

Applique le dernier format utilisé de la commande **Format Format automatique**.

ANNEXE 3

LES FICHIERS

LES DIFFERENTES EXTENSIONS

Lorsque vous sauvegardez un fichier, **Excel** ajoute automatiquement **une extension** à la suite du nom que vous donnez au fichier. Cette extension est toujours composé de **3 caractères**.

Selon le type de fichier sauvegardé, vous aurez l'extension :

.XLS	pour les feuilles de **calcul**.
.XLC	pour les **graphiques**.
.XLW	pour les **classeurs**.

PROTECTION DES FICHIERS : LES MOTS DE PASSE.

Vous pouvez protéger vos fichiers avec un mot de passe suivant deux niveaux de protection :

⇨ Protection contre l'ouverture du fichier.

⇨ Protection contre l'écriture sur le fichier.
Dans ce cas, vous pourrez l'ouvrir et même le modifier sur votre écran de travail, mais vous serez contraint de le sauvegarder sous un autre nom si vous souhaitez enregistrer ces modifications.

Pour protéger un fichier à l'un ou l'autre niveau :

- Choisissez la commande **Enregistrer sous** du menu **Fichier**.
- Cliquez sur le bouton **Options** de la boîte de dialogue.
- Entrez un mot de passe dans l'une ou l'autre zone de texte de la zone **Partage de fichier** :

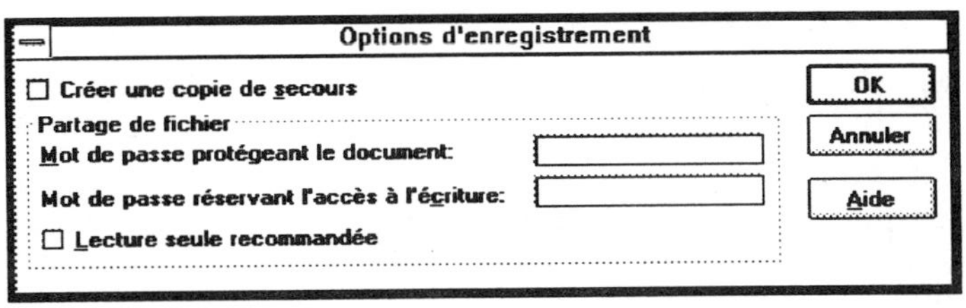

❑ **Remarque :**

Vous pouvez rentrer un mot de passe dans les deux zones si vous voulez protéger le document aux deux niveaux. Mais surtout, n'oubliez pas votre mot de passe !...

- Validez par [↵] puis retapez votre mot de passe dans la boîte de confirmation avant de valider de nouveau.

La prochaine fois que vous ouvrirez ce fichier , **Excel** vous demandera alors le mot de passe pour chaque niveau de protection.

OUVERTURE AUTOMATIQUE DE FICHIERS

Vous pouvez faire en sorte d'ouvrir automatiquement un ou plusieurs fichiers lorsque vous lancez **Excel**.

- Ouvrez le fichier concerné.
- Choisissez la commande **Fichier Enregistrer sous**, et sélectionnez comme répertoire de sauvegarde le sous-répertoire **XLOUVRIR** :

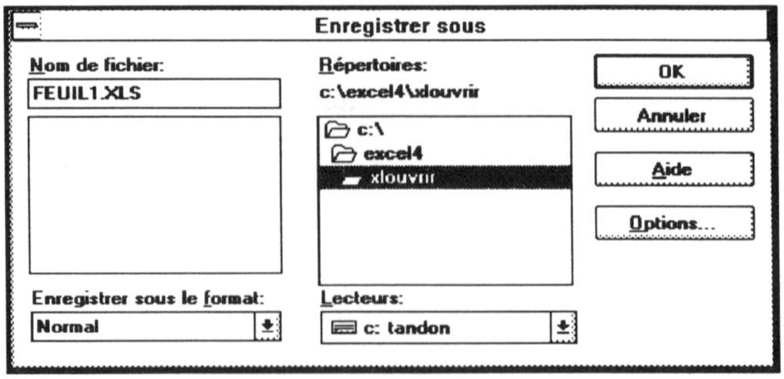

- Validez la boîte par [↵] ou en cliquant sur **OK**.

La prochaine fois que vous lancerez **Excel**, tous les fichiers présents dans ce répertoire seront automatiquement ouverts.

INDEX DES MOTS-CLES

Mot-clé **Page**

A

Addition 32,57
Adressage absolu 58
Adressage relatif 53
Aide 25
Aligner à droite 33
Annul (touche, voir Suppr)
Annuler l'impression 77
Aperçu avant impression 70
Atteindre une plage nommée 86
Attribuer un nom 88

B

Backspace (touche) 50
Barre
- de défilement 17
- de formule 14,49
- des menus déroulants 17
- d'outils 21-24,173
Base de données 109
Bouton Somme Automatique 32
Boîte de dialogue 19

C

Cadre d'un tableau 34
Calcul auto/manuel 82
Case à cocher 20
Case d'options 20
Cellule
- effacer 38
- mise en forme 33,34,35,36
- modifier le contenu 38,50
- supprimer 66
Centrer des cellules 33
Changement de marge 74
Changement de répertoire 43
Changer le type d'un graphe 144
Centrage sur plusieurs colonnes 48
Chargement du logiciel 9,12
Choix de l'imprimante 69;73
Choix d'une commande 17
Choix de police 36
Cible (valeur) 67
Classeur 105
Clés de tri 113
Cliquer 11
Collage spécial 40
Coller une fonction 132
Colonne
- ajouter 61
- ajuster 42
- supprimer 66
- largeur 35
Commande (liste) 169
Configurer Excel 14
Configurer l'imprimante 69
Consolidation 95
Coordonnées 16
Copier-Coller 37
Correction du contenu d'une cellule 38,50
Couper-Coller 63
Critères (zone de) 117
Ctrl (touche) 27,35
Curseur 16,27

D

DIV!0 (message d'erreur) 58
Définir un nom 84
Déformer un objet 165
Del (touche, voir Suppr)
Déplacement de cellules 63
Déplacement du curseur 27
Déprotection d'un tableau 80,82
Dessiner 164
Destruction d'un en-tête (pied de page) 74
Destruction lignes ou colonnes 66
Division 58
Données (commande)
- grille 116

Mot-clé **Page**

Données (commande)
- rechercher ... 119
- extraire ... 125
- base de données ... 110
Zone de critères ... 118
Zone d'extraction ... 126
Trier ... 113
Série ... 134
Table ... 137

Double entrée (table) ... 137
Droit (alignement) ... 33

E

Echap ou Esc (touche) ... 21,30
Ecran Réorganiser ... 92
Ecran de travail ... 13
Edition (commande)
- couper ... 63
- copier ... 38
- coller ... 38
- collage spécial ... 41
- effacer ... 39
- supprimer ... 66
- insérer ... 61
- recopier vers le bas ... 58,60

Effacer le contenu d'une cellule ... 38
En-tête ... 74
Encadrement ... 34
End (touche, voir Fin)
Enregistrer sous ... 43
Enregistrer un classeur ... 105
Extension ... 181
Extraction de données ... 125

F

Fenêtre
- active ... 92
- création ... 91
- fermer ... 44
- fermer tout ... 107
- fractionner ... 128
- passage de l'une à l'autre ... 93,148

Fermer une feuille ... 44
Feuille
- de calcul ... 135
- fermer ... 44
- graphique ... 141
- nouvelle ... 91
- ouvrir ... 45,46
- sauvegarder ... 43

Fichier (extension) ... 181
Fichier (commande)
- aperçu avant impression ... 71
- nouveau document ... 47
- ouvrir ... 45,46
- fermer ... 44,45
- fermer un classeur ... 107
- enregistrer sous ... 43
- mise en page ... 74
- imprimer ... 76
- configuration de l'imprimante ... 69
- quitter ... 46

Fin (touche) ... 27
Flèches de direction ... 26,119
Flèche (tracé d'une) ... 157,158,166
Fonction
- Max() ... 58
- Moyenne() ... 57
- Somme() ... 57
- Vpm() ... 132

Format financier ... 39
Formats personnalisés ... 111
Format (commande)
- motifs ... 36
- nombre ... 39,61,112
- position ... 48
- police ... 36
- encadrement ... 34
- protection cellules ... 82
- largeur de colonne ... 110

Formater un graphique ... 152
formules (construction de) ... 49,51
Formules (recopie de) ... 52

Mot-clé **Page**

G

Graphe
- différents types 144
- légende 142
- motifs 152
- titrer 153,154

Graphique (commande)
- ajouter une flèche 157
- ajouter une légende 143
- ajouter du texte 153,156
- sélectionner le graphique 160

Gras 33
Grille (base de données) 116
Groupe de travail 93
Guide 25

H

Histogramme 142
Home (touche) 27

I

Incorporer du texte 162
Incorporer un graphique 160
Impression d'une feuille 76
Impression d'une zone 77,78
Imprimante (configuration) 69
Insertion de colonnes 61
Insertion de lignes 61
Installation 9
Italique 33

J

Justification à droite 33,34

Mot-clé **Page**

L

Lancer Excel 12
Largeur de colonnes 35
Légende d'un graphe 143
Liaison entre feuilles 91

Libellés
- saisie 30
- mise en forme 33

Ligne
- insertion 61
- destruction 66

M

Marge 72,74
Marque de données 142
Max (fonction) 58
Menus déroulants 17
Mise en route du logiciel 12
Mode PLAN 97,98
Mode PRET 14
Modification d'une cellule 50
Modifier (Mode) 50
Modifier une marque de données 150
Mot de passe 79,181
Moyenne (fonction) 57
Multiplication 51,55

N

Nom de fichier 43,44
Nommer une plage 84
Nouveau document 91

O

Objet graphique
- incorporer 162

Index des mots-clés

Mot-clé **Page**

Objet graphique
- déplacer et déformer ... 165
- supprimer ... 167

Options (commande)
- zone d'impression ... 78
- protéger le document ... 79
- mode de calcul ... 82
- calculer maintenant ... 83

Ordre de traçage graphique ... 149
Ouverture automatique ... 182
Ouvrir une feuille existante ... 45
Ouvrir une nouvelle feuille ... 47

P

Paramètres d'impression ... 74
Passer d'une fenêtre à l'autre ... 92
Personnalisés (formats) ... 111
PgDn (touche) ... 27
PgUp (touche) ... 27
Pied de page ... 74
Plein écran ... 161
Pointer ... 11
Présentation (commande)
- histogrammes ... 146
- secteurs ... 144

Prêt (Mode) ... 14,134
Protection de cellules ... 79
Protection des fichiers ... 181
Protection d'un tableau ... 79

Q

Quadriller la zone de traçage ... 158
Quitter Excel ... 46

R

Réf (message d'erreur) ... 66
Recalcul auto/manuel ... 82
Recherche d'une chaîne de caractères ... 123
Recherche multi-critères ... 120
Recopie de formules ... 52,53
Recopier vers le bas ... 58,60
Références absolues ... 58
Références relatives ... 53
Renvoi à la ligne automatique ... 48
Répertoire ... 43
Représentation graphique ... 141
Retour arrière (touche voir Backspace)

S

Saisie de libellés ... 30
Sauvegarde ... 43
Secteurs (graphe en) ... 144
Sélection (commande)
- attribuer un nom ... 88
- atteindre ... 86
- cellules ... 80
- coller une fonction ... 132
- définir un nom ... 84
- nommer lignes et colonnes ... 85

Sélectionner une plage ... 31
Série (fonction) ... 135
Série de données ... 134-136
Somme (fonction) ... 57
Somme automatique (bouton) ... 32
Sortir d'Excel ... 46
Sortir d'une feuille ... 44
Souris ... 10,11
Stopper une impression ... 77
Styles de caractères ... 33,36
Suppr (touche) ... 39,50
Supprimer des cellules ... 66
Supprimer une ligne ou colonne ... 66
Supprimer un objet graphique ... 167

T

Table à double entrée ... 131,137
Table des matières ... 189

Mot-clé **Page**

Titrer un graphe 153,154
Tracer une flèche 157-158,166
Tri 113
Types de graphe 144

U

Utilisation
- des boîtes de dialogue 20
- de l'aide 25,26
- des menus 17

V

Vpm (fonction) 132
Valeur cible 67
Validation (touche de) 30
Volets (fractionner la fenêtre en) 128

Z

Zone d'impression 78
Zone de critères 117
Zone de texte 162
Zone d'extraction 125
Zoom avant impression 70,71

TABLE DES MATIERES

SOMMAIRE **5**

AVANT - PROPOS **7**

Chapitre 1 : **LA DECOUVERTE DU LOGICIEL** **9**

Configuration requise 9
L'installation d'Excel 9
Utilisation de la souris 10
Ouverture d'Excel 12
L'écran de travail d'Excel 13
La fenêtre de l'application Excel *13*
La feuille de calcul *16*
Les barres de défilement *17*
Choix d'une commande dans un menu 17
Les différents éléments d'une boîte de dialogue 19
Utilisation des boites de dialogue 20
Valider une commande *21*
Annuler une commande *21*
Utilisation des barres d'outils 21
Déplacer une barre d'outils *21*
Dimensionner une barre d'outils *23*
Afficher plusieurs barres d'outils *23*
Masquer une barre d'outils *24*
Utilisation de l'aide 25
L'aide en ligne *26*
Déplacement de la cellule active 26

Chapitre 2 : **NOTIONS ELEMENTAIRES** **29**

Saisie des données 30
Sélection des cellules 31
Le bouton Somme Automatique 32
La mise en forme rapide des cellules 33
Boutons gras et italique *33*
Contrôler l'alignement *33*
Encadrer le tableau 34

Modifier la largeur des colonnes 35
Ajouter des motifs 35
Modifier la police de caractères 36
La recopie de cellules 37
Remplacer le contenu d'une cellule 38
Effacer des cellules 38
Le format financier 39
Utiliser le collage spécial 40
Sauvegarde de la feuille 43
Changer le répertoire de sauvegarde 43
Fermer une feuille de calcul 44
Ouvrir un document sauvegardé 45
Ouvrir l'un des quatre derniers documents utilisés 46
Quitter Excel 46

Chapitre 3 : **NOTIONS AVANCEES 47**

Création d'un nouveau document 47
Le renvoi à la ligne automatique 48
Le centrage automatique 48
Construction d'une formule 49
Modifier le contenu d'une formule 50
Règles de construction d'une formule 51
Recopie de formules 52
Les références relatives 53
Technique de copie rapide 54
Utilisation de fonctions dans les formules 56
La fonction SOMME 57
La fonction MOYENNE 57
La fonction MAX 58
Utilisation d'une adresse absolue 58
Insertion de cellules 61
Déplacement de cellules 63
Déplacement avec insertion 64
Suppression de cellules 66
Recherche d'une valeur cible 67
Impression de la feuille de calcul 69
Configuration ou choix de l'imprimante 69
Aperçu avant impression 70
Le bouton Marges 72

Configuration de l'impression 73
Lancement de l'impression..76
Stopper l'impression..77
Imprimer une partie d'un document..77

Chapitre 4 : **GESTION DES CELLULES 79**

Protection d'un tableau..79
Sélection de cellules spécifiques 80
Recalcul automatique ou manuel 82
Nommer une plage..84
Nommer lignes et colonnes 85
Atteindre une plage nommée 86
Attribuer un nom 88

Chapitre 5 : **LIAISON ENTRE FEUILLES DE CALCUL.........................91**

Ouvrir plusieurs feuilles de calcul 91
Créer un groupe de travail..93
La consolidation 95
Utiliser le mode PLAN 97
Développer les niveaux d'un plan 98
Réduire les niveaux d'un plan..99
Sélection des cellules visibles seulement........................ 101
Créer un niveau supplémentaire 101
Supprimer un niveau du plan.. 103
Création automatique d'un plan 104
Enregistrer un classeur 105

Chapitre 6 : **LA BASE DE DONNEES 109**

Construction de la base de données 109
Création de formats personnalisés 111
Tri des enregistrements de la base..113
Recherche de données..116
Utilisation de la grille 116
Utiliser une zone de critères.. 117
Recherche multi-critères..120
Recherche d'une chaîne de caractères 123
Extraction des données recherchées..125
Fractionner la fenêtre en volets..128

Chapitre 7 : **TABLE A DOUBLE ENTREE** **131**

Présentation du modèle 131
Coller une fonction 132
Créer une série 134
Calcul de la table 137

Chapitre 8 : **LES GRAPHIQUES** **141**

Créer un graphique 141
Ajouter une légende *142*
Déplacer la légende *143*
Changer le type de graphique 144
Présentation d'un graphique 3D *145*
Modifier les séries d'un graphique 146
Supprimer une série *146*
Ajouter une série *147*
Contrôle de l'ordre de traçage : la fonction SERIE *149*
Modifier une marque de données 150
Mise en forme d'un graphique 152
Formatage des séries *152*
Ajouter du texte *153*
Ajouter une flèche *157*
Quadriller la zone de traçage *158*
Sauvegarde d'un graphique 159
Enregistrer le graphique comme un document séparé *159*
Incorporer le graphique dans la feuille *160*
Manipuler des objets graphiques 161
Incorporer une zone de texte *162*
Les outils de dessin *164*
Déplacer et déformer un objet graphique *165*
Supprimer un objet graphique *167*

Annexe 1 : **LES DIFFERENTS MENUS DE COMMANDE** **169**

Annexe 2 : **LES DIFFERENTES BARRES D'OUTILS** **173**

Annexe 3 : **LES FICHIERS** **181**

Les différentes extensions 181
La protection des fichiers 181
Ouverture automatique de fichiers 182

INDEX DES MOTS-CLES **183**

DUNOD

CATALOGUES

Je désire recevoir gratuitement :

❒ le catalogue des nouveautés en informatique

❒ les catalogues DUNOD suivants :

❒ Photo-Vidéo

❒ Electronique

❒ Management, Marketing

❒ Sciences

❒ Sciences Humaines

❒ Economie, Gestion

❒ Lettres

❒ Enseignement Technique

QU'EN PENSEZ-VOUS ?

Afin de veiller à la qualité de nos livres, adressez-nous vos critiques et suggestions sur le présent ouvrage :

Formation Rapide Excel 4 PC

Ce livre vous donne-t-il toute satisfaction ? ....

Avez-vous des commentaires à formuler ? ....

....

....

....

Où avez-vous acquis cet Aide-mémoire ?

❒ Librairie

❒ Boutique micro

❒ Stage de formation

❒ Par correspondance

Votre niveau d'expérience de Word ?

❒ Débutant

❒ Intermédiaire

❒ Avancé

❒ M. ❒ Mme ❒ Mlle .... ❒ Prénom ....

Société .... Profession ....

Adresse ....

Code postal |_|_|_|_|_| Ville .... Pays ....

A envoyer à :

DUNOD • *Spécialisations*

Courrier des lecteurs • BP 20

92122 MONTROUGE Cedex

En application de l'article 27 de la loi 78-17 Informatique et Liberté, vous disposez d'un droit d'accès et de rectification pour toute information vous concernant sur notre fichier. Dunod Editeur peut être amené à communiquer ces informations aux organismes qui lui sont liés contractuellement, sauf opposition de votre part notifiée par écrit.

Demandez...

la disquette !

Vous souhaitez vous exercer sur un point particulier, sans avoir à reconstituer les étapes précédentes ?
Vous aimeriez pouvoir comparer les résultats de votre apprentissage avec les modèles proposés ?
Une solution : la disquette avec tous les exemples et exercices proposés dans le livre.

BON DE COMMANDE
à adresser à DUNOD, 30 rue Saint-Sulpice, 75278 Paris cedex 06

Je désire recevoir par la poste, au prix indiqué ci-dessous, la disquette du livre :

Formation rapide Excel 4 PC

Format de la disquette :
❑ 3" 1/2 (800 K) : 80 FF (port compris)

Nom : ____________________

Adresse : ____________________

____

Ci-joint chèque ❑ bancaire ❑ postal à l'ordre de DUNOD.

Imprimé par Jean-Lamour, 54320 Maxéville
Dépôt légal : septembre 1995 - Dépôt légal de la 1re édition :2e trimestre 1992
Imprimé en France